牧野雅彦

権力について

——ハンナ・アレントと「政治の文法」

中公選書

はじめに

政治的に言うならば、権力と暴力は同じものではないというだけでは不十分である。権力と暴力とは対立する。一方が絶対的に支配するところに他方は存在しない。暴力は権力が危機にさらされているところに現れ、放置しておけばついには権力は消滅する。(1)

これはユダヤ人の女性思想家ハンナ・アレントの言葉である。権力とは人々が互いに協力して活動するときにはじめて生まれる力であり、暴力とはまったく異質であるどころか、むしろ対立する。暴力の支配するところに本当の意味の権力は存在しない、と言うのである。

こうした考え方は、われわれの常識とはかけ離れているように見える。どんなに正当な主張であっても、力の裏づけがなければ無力である。有無を言わせぬ力で相手を強制するのが権力というものであって、暴力はその最たるものである。専制的な体制では、権力者にとって都合の悪い主張は無視される。人々が抗議しても、秩序を乱すものとして警察や軍隊によって鎮圧される。だからこそ人々は、多少の不満があったとしても、あからさまな反抗はよほどのことがないかぎり控えているのではないか。こういう反論が返ってくるだろう。

国家間の紛争でも同様である。圧倒的な軍事力を前にすれば、どんなに不当な要求でも、弱い国は呑まざるをえない。他方で、専制的な体制のもとで市民が苛酷《かこく》な弾圧を蒙っていたとしても、軍事的な介入でも行使しないかぎり、弾圧を阻止するのは難しい。外国からの侵略を退けて、国家がその独立と尊厳を維持するためにも軍事力が必要だというのは、国際関係や外交の世界では当然の前提とされている。

社会科学における権力

アレントの「権力」概念は、社会科学において一般的になされている権力の定義からも大きく外れている。政治が集団的な決定をめぐる営みだとすれば、決まったことはしかるべく実行されなければならない。そのためには強制力をもって、身体を拘束してでも従わせる必要がある。警察や軍隊は、命令に従わなければ発動される強制手段として最も有効で確実な手段であり、組織の人員や装備など目に見えるかたちで確認できるので、社会現象を分析するために都合のよい指標でもある。多くの社会科学や政治学の理論では、権力は、暴力をはじめとするさまざまな強制手段を用いて相手を動かす力として定義されてきた。(2) こうした定義と正面から対立するアレントの権力論が実証的な社会科学の文脈で取り上げられることは、ほとんどない。「権力」とは、人々の協力によって生みだされる力だというアレントの概念はあまりに理想主義的で、強制や暴力が行使される政治の実態を無視している、実証的な分析のための概念としては使えない、というのが大方の反応だろう(3)。アレントにとって、そうした批判は織り込み済みである。常識的な見方の変更を促すことによって、政治のあり方そのものを変えていこうとするのが、彼女の政治思想の特徴だからである。

全体主義に抗して

なぜアレントは常識とは外れた「権力」の定義をしたのだろうか。そこにはユダヤ人としての切実な経験があった。

ハンナ・アレントは一九〇六年、ドイツのハノーファーで、ユダヤ系の中産階級の家庭に生まれた。大学でハイデガー、ヤスパースといった著名な哲学者のもとで哲学を学ぶが、一九三三年一月、彼女が二十六歳のときにヒトラーが政権に就くと、ナチスによるユダヤ人迫害を恐れて母親とともにドイツを出国し、フランスに逃亡する。ドイツ軍がパリに迫ってきた一九四〇年にフランス政府はドイツから逃れてきたユダヤ人を敵国人として収容所に送り込むが、フランスが降伏した機会を捉えてアレントはスペインに脱出、アメリカに渡る。合衆国の市民権を獲得するのは一九五一年、それまでのあいだ、彼女は、どの国にも属さない「無国籍者」として過ごしたのである。

ナチスによるユダヤ人迫害、そして大戦による未曽有の破壊は、アレントのような「無国籍者」を大量に生みだした。ナチスの体制に抗議して出国した政治的亡命者だけでなく、ドイツによる占領によって国を破壊され、生活の基盤を失った多くの人々が難民となる。その中でもユダヤ人は、どこの国からも保護されない「無国籍者」として際立った存在だった。彼らは政治的亡命者やその他の難民のように戦争終結後に帰ることのできる国も、自分たちを代表する亡命政府ももたず、世界のどこからも助けの手を差し伸べられなかった。アメリカその他に在住するユダヤ人団体からの度重なる要請にもかかわらず、また戦争末期には強制収容所での虐殺の情報が伝えられていたにもかかわらず、英米をはじめとする連合国がユダヤ人の救援を意図した軍事行動をとることはついになかった。ユダヤ人は、どの国のどの軍隊からも見放された存在だったのである。国や軍隊はおろか、何の武器ももたない丸裸の人間が、誰からの救援も受けずに生き延びていくためには、自分たちが互いに結びついて新たな力を生みだす以外に方法はない。暴力とはまったく異なる力としての「権力」というのは、アレントのそうした経験に基づいている。

政治の文法

「権力」についてのこうした考え方は、アレント一人の理想ではない。人々が集まって協力し合う。そこで生まれた力が自由な市民の共同体を建設する。アレントはその典型的な事例を、イギリスの植民地から独立したアメリカ革命に見ているが、そこには植民地時代からの人々の経験があった。アメリカ革命について論じた『革命について』の中で、アレントはこう述べている。

彼らを一連の行為と出来事に導いたのは神学や政治学や哲学の理論ではなく、ただ旧世界を後にしてまったく自分たちだけの事業に乗り出そうという決意であった。しかし、もし辛抱強く熱心に心を傾けて、偶然にも、政治活動の文法を発見していなかったら、また人間の権力の興隆と衰退を決定するさらに複雑な統語法（シンタックス）を発見していなかったら、彼らはそうした一連の行為と出来事の中で滅亡していただろう。この文法も統語法も、西洋文明史では特段に新しいものではない。しかし、政治の領域でこれに匹敵する重要な経験を見いだそうとし、また、歴史的文書の巨大な宝庫の中でこれほど独創的な本物の言葉――月並みな語法や決まり文句からまったく自由な――を探し当てるためには、はるかな過去にまで、いずれにせよ植民地の人々がまったく知らなかったような過去にまで遡らなければならなかっただろう。(4)

ピルグリム・ファーザースと呼ばれるイギリスの植民者たちがメイフラワー号の船上で交わした盟約は(5)、その後の自治体制から独立後の政治体制・憲法体制の基礎となったといわれている。植民者たちの多くは本国イギリスの国教会とは一線を劃《かく》したピューリタンだったが、そうした信仰の動機や宗教的な背景をアレントはあまり重視していない。彼ら一人ひとりが心に抱いた動機はさまざまだった。共通することと言えば、新天地で新たな事業をはじめようとする希望や野心だけだった。彼らには取り立てて言うほどの資産も、有力者の縁故や強力な団体の後ろ盾もなかった。植民者のかなりの部分は年季奉公の契約に基づいて海を渡った人々だったし、受刑者として追放されてきた者さえそこには加わっていた。あたかも社会契約論が説く自然状態のように、ほとんど丸裸の状態で荒野に放り出されて、原住民や他国からの植民者の潜在的な脅威にさらされ、生き残っていくためには互いに協力することが必要だった。彼らには政治学の知識や哲学の素養などなかったので、自分たちの経験から政治のための技法を編み出していかねばならなかった。その技法こそ、古代ギリシア・ローマから西洋文明が継承してきた「政治活動の文法」だったと言うのである。その内容をアレントはこう要約している。

活動の文法（grammer）：活動とは、複数の人間の存在を必要とする唯一の人間的能力である。

権力の統語法（syntax）：権力とは、人間相互のあいだに成立する世界においてのみ発揮できる力である。この世界で人は互いに関わりをもち、約束をし、それを守ることによって「政治体」創設の行為を行う。この約束の能力は、政治の領域における最高の人間的能力というべきものである。(6)

複数の人間のあいだで活動するための技法、人々が協力して「権力」を生みだすための技法を、本書では「政治の文法」と呼ぶことにしよう。アメリカ革命の人々がそうであったように、「政治の文法」は特段の知識や教養なしでも習得できる。言いかえれば、「政治の文法」を習得するためには、何かの知識や理論を学ぶだけでは不十分である。人々が協力して行動する中で編み出していった「政治の文法」がまずあって、それを後の者たちに言葉で伝えるために生みだされたのが「政治学」という思考の産物であり、その逆ではない。政治学の理論や思想を学んだからといって実際の政治にすぐに役立つとは限らないのは、そのためである。古代ギリシア・ローマはそうした「政治の文法」を意識的に追究し、それを伝達可能な制度や思想へと結晶化した。アメリカ植民地の人々は生き延びていくための必要に迫られて、古代ギリシア・ローマにはじまる政治のための古典的な技法を「再発見」したのである。

アレントが論じようとするのは、思考の産物としての「政治学」ではなく、そこに伝えられている政治の経験そのもの、人々が実際の政治の営みの中で編み出した「政治の文法」である。それは、抽象度の高い一般的な理論というかたちではなく、歴史的な背景のもとで起きた具体的な出来事の中での人々の対応というかたちでしか伝えることができない。アレントが「政治学」についての著作を書かなかった——「政治学入門」という著作の計画はあったが、未完のままに終わった——理由もここにある。

アレントにとって「政治の文法」は、プラトン、アリストテレスにはじまる西洋の政治思想の流れとは異質なところに位置を占めている。もちろんアレントはプラトン、アリストテレスの古典的な政治哲学、アウグスティヌスに代表されるキリスト教の政治思想、マキアヴェッリ、ホッブズ、ロック、ルソーといった近代政治思想の諸潮流についても独自の見識をもっており、それらの諸潮流に対する自分の立ち位置を明確に自覚している（この点については本書末の補論で説明する）。しかしながら、アレントにとって重要なのは、思想や理論の展開ではなく、そうした思想の源泉となった古代ギリシア・ローマから近代ヨーロッパの政治的な経験、そこで彼らが編み出した政治の技法の特質である。それは、社会や政治の事象をたんに観察し、説明するための理論ではない。人々が本当の意味で自由に生きようとするために習得しなければならない技法であり、他人と協力して行動しようという意欲さえあれば「誰でも習得できる技法」なのである。アレントの政治思想が政治学の一般的な概念の枠組みに収まりきらない理由、政治理論や思想の諸潮流から外れている理由はここにある。社会科学や政治学の理論の展開のほうに関心を抱いている人にとって、アレントの議論が分かりにくいのも、そのためである。

それでは、「権力」を生みだすために習得しなければならない「政治の文法」とはいったいどのようなものなのか、順を追って説明していくことにしよう。

第1章では、「政治」の特質と、そこから導き出される「政治の文法」、「権力」形成のための基本技法、「権力」と「暴力」の相違、権力の相互抑制と拡大のための「連合」といった原則を説明する。

第2章では、「権力」の基本的な組織としての「評議会」の特質を、近代国民国家の組織原理としての議会・政党と対比させながら検討する。

以下の章は「権力」の形成と行使の際に直面する諸問題をあつかう、いわば応用編である。

第3章では、「権力」の相互抑制と「連合」の原則が、国家間の関係、いわゆる国際関係にどのように適用できるかを検討する。

第4章では、「権力」と「暴力」の関係の問題を検討する。体制による不当な弾圧に抵抗しようとするとき、そこには「暴力」への誘惑が必然的に出てくる。弾圧が苛烈《かれつ》であればあるほど「暴力」を用いた抵抗への要求は強まるだろう。ここでは、アメリカ合衆国における黒人問題を中心に、「暴力」への誘惑にどう対処すべきかを考える。

第5章では、抵抗のための拠り所、抵抗の諸条件について考える。体制の側が圧倒的な「権力」を有しているような場合、警察や軍隊といった「暴力」による抑圧の手段をはじめとして、周囲の人々から有形無形の支持を得ているような場合でも、抵抗することは原理的に可能だ、というのがアレントの考え方である。ここでは、ナチス・ドイツによるユダヤ人迫害を事例に検討する。

第6章では、「革命」のための条件について考える。人々の形成する「権力」が既存の体制のそれを上回るようになったとき、体制の転換は行われる。体制転換のために必要な条件は何か、そこで指導者の果たすべき役割は何かを検討する。

第7章では、「権力」と区別された「権威」の問題を考える。アレントによれば、これまで多くの革命が失敗してきた理由は、それが「自由な体制」の実現に失敗したことにあった。人々が自由を求めて建設した新たな体制が、その自由を保障できないとき、その体制は人々の支持を失って崩壊するか、抑圧的な体制へと変質する。「自由な体制」を維持していくための拠り所はどこにあるのか。アレントはそれを「権力」とは区別された「権威」に求めている。既存の伝統や宗教などの権威が失効してしまった今日、「自由な体制」を保障するための「権威」をいかに形成するのか、その効用は何かが、ここでの問題である。

第8章では「政治」と「社会」との関係を考える。人々が生みだす「権力」は時として強力な力を発揮する。それは人間活動のあらゆる領域に大きな影響を及ぼす。そうであるからこそ、「政治の営み」と他の人間活動の領域とを明確に区別することが必要である。ここでは、近代になって勃興してきた「社会」という領域に焦点を当てて、「政治」との関係を検討する。

第9章では、「政治」と「歴史」の関係を考える。政治という営みが、複数の人々のあいだで行われる営み、利益や意見、性格や志向も異なる人間のあいだで行われる営みである以上、予測できないことがいつでも起こりうる。誰も自分の行為のもたらす結果を完全に予測することはできない。起こってしまった出来事は、時間を巻き戻してやり直すことはできない。ここでは、「過去」とどう向き合うか、そのための条件を検討する。過去の経験を踏まえることが、未来に向けた行為としての「政治」のための前提条件だからである。

第10章では、「政治」と「真理」の関係を検討する。人々の協力によって生みだされる「権力」は、人間のあらゆる活動領域に影響を及ぼすことができる。多数の人間が結束すれば、それまで絶対的なものとされてきた宗教や哲学の真理を否定あるいは無視したり、科学が証明する客観的な真理を歪曲《わいきょく》したり隠蔽《いんぺい》したりすることもできる。そうした「権力」の濫用《らんよう》に歯止めをかけて、「真理」を擁護するためには何が必要か、また、「真理」を擁護することが「政治の営み」にとっていかなる意味をもつのかが、ここでの問題である。

アレントにとって「政治」とは、自由な人間が、自由な人間と出会うことによって生まれる一連の営みのことである。そこに形成されるさまざまな関係や制度、それを運用したり、解体するための方法も、個別具体的な人と人との出会いと、さらにそれをとりまく――他の大勢の人々によって形成された――状況によって規定される。革命や戦争、内戦など多数の人間が関わる事件が、その場その時の一回限りのもので、「二度と繰り返すことがない」のはそのためである。しかしながら、自由な人間がその自由を生かすための営みが「政治」である以上、そこには共通する特徴があるはずである――だからこそ、それは人々が自由をもとめて活動するときに繰り返し現れる。したがって、過去のさまざまな出来事の中から、人々が編み出していった「政治の文法」と、失敗や挫折を含めた実践の経験を探ることは、戦争や内戦、あるいは国内外に起こるであろうさまざまな紛争や対立といった出来事に対処する手がかりを与えてくれるだろう。そのようなものでなければ、「政治の文法」を学ぶ意味の大半は失われる。「政治」というのは、「二度と繰り返すことがない」過去の出来事を踏まえながら、「予想もできない新しいこと」をはじめる営み、その意味において、「未来に開かれた営み」のはずであるから。

注

（1）ハンナ・アーレント『暴力について――共和国の危機』山田正行訳、みすずライブラリー、二〇〇〇年、一四五頁。以下、アレント関連文献の引用の際には、原文を参照して適宜訳文を変更した。なお、〔　〕は翻訳者・引用者による補足挿入である。

（2）社会科学的な「権力」の定義の出発点となったのはマックス・ウェーバーのものである。ウェーバーは「権力」を「ある社会関係の内部で（相手の）抵抗を排してでも自分の意志を貫徹するすべての可能性」と定義している（『社会学の根本概念』第一六節「権力と支配」、清水幾太郎訳、岩波文庫、一九七二年、八六頁）。ただし、このように定義された「権力」現象はあまりに「流動的」で――力関係によって絶えず変動するので――社会関係の分析用具としては使えないことをウェーバー自身も認めている。彼が分析の焦点に据えるのは、「権力」関係が一定の形で恒常化する場合、一方の当事者の命令に他方が服従するという「支配」関係である（同右）。その「支配」関係を安定的に維持するために必要な条件は、相手の服従を確実にするための強制（反抗した場合の制裁）の手段としての物理的強制力、すなわち「暴力」であり、そうした「暴力」行使を正当化して被支配者を服従させるだけの「正統性」である。それゆえ第一次世界大戦にドイツが敗戦した直後の混乱状況の中で行われた講演『職業としての政治』では、「政治」とは端的に「国家」権力の争奪をめぐる営みであり、「国家」とは物理的な「暴力」行使の手段を「正統に」独占している組織である、と定義している（『職業としての政治』脇圭平訳、岩波文庫、一九八〇年、八―一〇頁）。

（3）たとえば、二〇一五年に慶應義塾大学で開催された公開シンポジウムの論文集『ハンナ・アーレントと二〇世紀の経験』川崎修・萩原能久・出岡直也編著、慶應義塾大学出版会、二〇一七年を参照。シンポジウムの表題に「実証的研究の文脈におけるハンナ・アレント」と掲げていること自体が、アレントが実証的な専門研究の分野ではほとんど無視されてきたことを示している。その意味においては、アレントの「権力」概念が現実性に欠けるという批判はむしろ政治思想の同業者からのものが多い。代表的なものとしてユルゲン・ハーバーマス「ハンナ・アレント」『哲学的・政治的プロフィール』上、小牧治・村上隆夫訳、未來社、一九八四年、三一七―三五一頁。

（4）ハンナ・アレント『革命について』志水速雄訳、ちくま学芸文庫、一九九五年、二六七―二六八頁。

（5）「ここに署名したわれらは、神の栄光のため、キリスト教の信仰の促進のため、ならびにわが国王と祖国の名誉のために、バージニア北部に最初の植民地を建設する航海に出かけたものであり、本証書によって、神とわれら自らの前で厳粛かつ相互に誓約し、われらのより良い秩序の保全、ならびに前述の目的を達成するために、結束し、市民による政体を形成する。そして、これに基づき、随時、植民地全体の福利のために最も適切と思われる、公正で平等な法律、命令、法令を発し、憲法を制定し、公職を組織する。そしてこれらに対し、われらは当然かつ全き服従と従順を約束する」（メイフラワー盟約、American Center Japan HP より引用）。

（6）前掲『革命について』二七〇頁。

†本書で言及されるアレント文献リスト

『新版　全体主義の起原』1〜3　大久保和郎・大島通義・大島かおり訳、みすず書房、二〇一七年

『カール・マルクスと西欧政治思想の伝統』佐藤和夫編、アーレント研究会訳、大月書店、二〇〇二年

『人間の条件』牧野雅彦訳、講談社学術文庫、二〇二三年

『革命について』志水速雄訳、ちくま学芸文庫、一九九五年

『暴力について――共和国の危機』山田正行訳、みすずライブラリー、二〇〇〇年

『新版　エルサレムのアイヒマン――悪の陳腐さについての報告』大久保和郎訳、みすず書房、二〇一七年

『責任と判断』ジェローム・コーン編、中山元訳、ちくま学芸文庫、二〇一六年

『過去と未来の間』引田隆也・齋藤純一訳、みすず書房、一九九四年

『アーレント＝ヤスパース往復書簡』1〜3、L・ケーラー他編、大島かおり訳、みすず書房、二〇〇四年

権力について——ハンナ・アレントと「政治の文法」

目次

権力について——ハンナ・アレントと「政治の文法」

第1章　政治の文法

自由な営みとしての政治

「政治」とは、何よりもまず、「自由」な人間の営みである。暴力などの強制に頼らず、言論と説得によって物事を決定する。人々が自分の思うままに発言し、自らの意志に基づいて行動する。共同体の構成員にそうした自由を保証していたのが、古代ギリシアの都市共同体ポリスである。

古代ギリシアにおいて、自由な市民の共同体としてのポリスと、市民の家（オイコス）とは劃然《かくぜん》と区別されていた。生活のための営みはもっぱら家の領分であった。今日、経済を示すエコノミーは家の営みとしての「オイコノミア」を語源としている。生活のためのさまざまな物資を調達する活動は、家に従属する女性や奴隷などに任されて、家を支配する家父長はそうした生活の必要から解放されて、市民として共同の営みに参加することができる。自由な市民の共同体としてのポリスで行われる活動こそが「政治」（ポリティックス）であった。

古代世界では、奴隷は主人に隷属してその生活に奉仕するというかたちで、生命維持のための自然の強制と、暴力による主人の強制という二重の強制に支配された存在であった。古代人が奴隷を蔑視したのは、生命維持のために主人の支配に甘んじていたためであって、奴隷という劣等な人間種族に属していたからではない。都市共同体の市民である成人男子は、必要とあらば共同体の防衛のために武器を取って戦わなければならない。彼らにとって、生命を惜しんで敵に屈服することは、人間としての自由と尊厳を放棄するのに等しいことだったのである。

公的なもの——開かれていること

もちろん、アレントは古代ギリシアのポリスをそのまま再興しようとしているわけではない。[1] ポリスの基盤であった家で行われていた支配、労働にあえぐ奴隷の存在や、生命の再生産、すなわち出産と子育てを担う女性に対する男性の支配を、政治の必要不可欠の条件と考えているわけではない。アレントにとって「政治」という営みが重要なのは、自由な市民の活動であると同時に、すべての市民に開かれた場で行われる「公的な営み」だからである。

一人ひとりの人間は、その身体や精神、能力や性格においてみな異なっている。たんなる個体間の差異であれば、自然の事物や生物にも存在するが、人間は他との相違を唯一無二の個性として自ら表現することができる。自己の存在を表現する舞台こそが、誰にも開かれた「公共の場」である。その人間が「何者であるか」という意味での「個性」は、他人によってその姿や行動が見られ、その発言が聴かれることによってはじめて成立する。他人とのつながりを欠いた人間は、「個性」をもたない――彼は、砂漠に一人取り残された者のように、人間として生きていない。古代ギリシア・ローマにおいて、政治的共同体の構成員としての「市民」であることは、人間として生きること、自分自身の十全な姿を明らかにする「開かれた舞台」への参加資格を与えられたことを意味していたのである。

私的なもの――隠すべきもの

しかしながら、人間はすべてを人前にさらして生きていくことはできない。他人の目から隠れた休息の場があってはじめて、人は公的な場での活動のための活力を得ることができる。古代ギリシア・ローマの都市共同体(2)においては、家の壁に守られた私生活と、家と家のあいだの誰にも開かれた広場で行われる公的な活動とは劃然と区別されていた。生命の維持に直接に関わる活動、食事・睡眠・排泄《はいせつ》といった肉体＝労働力の再生産からはじまり、性交・出産・育児という種の再生産に関するものは公衆の目に触れない家の領域で行われた。今日、そうした区分は、通信技術や医療技術の進展、女性の社会的進出などの技術的・社会的背景によって不明瞭になってきている。しかしながら、「私的なもの」と「公的なもの」とが相互に浸透して、両者の区別が解体されれば、私的な生活が脅かされるだけでなく、公的な場での活動としての政治の本来のあり方も見失われるだろう。「公的なもの」と「私的なもの」との区別を踏まえて、人々が自由で開かれた場に集まって「権力」を生みだし、それを行使するための技法、これが「政治の文法」である。

条件としての平等

人々が公共の場に集まるとき、そこに必要なのは「共通の問題」だけである。「共通の目的」、「共通の意志」などは——共に議論し、行動する過程で生まれてくるかもしれないが——さしあたり必要ではない。目的や意志の共通性を前提とすれば、合意できない者をはじめから排除することになるだろう。目的や動機、利害関心は人それぞれであっても、「共同して解決しなければならない問題」が存在すること、それが「政治の場」を形成する。

したがって、「共通の問題」は、人々の認識や関心によって左右されるし、関心のあり方が「関係者」の範囲を定めることになる。

もちろん「共通の問題」はできるだけ明確なほうが望ましい。地震などの自然災害や戦争などに直面すれば、生き残るために人々は協力する。対外的な危機への対処が国家存立の根拠とされ、外部の敵の脅威が集団の結束を固めるのに有効なのはそのためである。危機的な状況のもとでは、一人ひとりの抱いている目的や動機、利害関心はもとより、その人の出自、身分や階級・階層、宗教や民族・人種の違いなどはほとんど問題にならない。問われるのは自発的に協力する気があるかどうかであって、どのような人物で、何ができるかは、協力の過程で自ずと明らかになるだろう。アレントはこう述べている。

この共同の努力においては、一人一人の個人の動機は——たとえば、「望ましからざる連中」であるかどうかというようなことは——問題とされないし、したがって国民国家の場合に決定的な原則となるような過去や起源の同質性は必要とされない。共同の努力が資質の違いも素性の違いもほとんど実質的には平等化してしまうからである(3)。

政治の場においては、参加者は身分や出身の区別なく、一人ひとりが人間として平等に扱われる。国民国家やその他の歴史的な共同体では、構成員の同質性、同じ民族や人種であることが前提とされるが、本来の「政治」の営みにそのような条件は必要がない。さまざまな地方から出てきた人々が集まる「都市」が典型的な「政治の場」となるのは、目的の異なる人間が、一つの共同体を形成するという意思で結ばれるからにほかならない。中世ヨーロッパの都市は、封建領主の支配から逃れてきた人々の共同体であったし、古代ギリシアの都市が本格的な「政治の場」として成立したのも、血縁・疑似血縁的な氏族などの集合体から、民衆を意味する「デーモス」という地域ごとの組織に転換してからであった——デモクラシー(民主主義)という言葉はここに由来する。さまざまな社会的出自、階層・身分、地縁・血縁などのつながりから解放された人々が一人の市民として平等に扱われる、これが自由な市民の共同体における「政治」の条件である。

自由な市民の共同体は、血縁や出身といった過去の由来だけでなく、「過去の過ち」からも自由でなければならない。アメリカの独立革命を遂行した人々について、アレントはこう述べている。

「罪人の共同体」

人間は社会の中にいなければ善であるというフランス革命家たちの想定、つまるところこれは原初的な自然状態という啓蒙時代の仮構であったけれども、そうしたものをアメリカ建国の父祖たちは無視して通ることができた。この点で彼らがリアリスティックであり、ペシミスティックでさえあったのは、人間というものが、一人ひとりはどんな存在であっても、互いに拘束し合って共同体を作ることができるし、たとえ「罪人」の共同体であっても、彼らの本性を反映して「罪深い」とは限らないことを知っていたからである。(4)

たとえ過去に罪を犯した人間であったとしても、政治的な共同体を形成する障碍にはならない。アメリカの革命家たちは、フランス革命の思想的源泉となったルソーのように、自然のままの人間は「善良」である――人間が堕落するのは社会の悪に染まるからだ――などとは考えなかった。人間は、さまざまな誘惑に負けてたやすく悪事に手を染める、そうした存在だとアメリカの革命家たちは考えていた。その意味では、彼らの人間観のほうがよほどペシミスティックだった。人間はもともと「罪深い」存在である。しかしながら、だからといって、政治制度はもっぱら処罰のため、犯罪の抑制のためだとは彼らは考えなかった。「罪人」の集団であっても、そこに政治の場は成立する。よほどの悪人、およそ他人との協力を拒むような極悪非道の輩でもないかぎり、自由な市民の共同体に加わることができる。(5) もし政治的な活動が、一人ひとりの個人にその存在の意味を与えることができるならば、神とその救いがなくとも、人間は、ある種の救いをそこから得ることができるということになるだろう。

相互拘束としての約束

自由な市民の共同体の存立を保障するのは、人々が互いに取り交わす「約束」である。

近代の社会契約論は、人間のこの「約束する能力」に依拠している。イギリスの政治哲学者ホッブズは、人間には言葉を用いて推論する能力、すなわち物事を予測する能力が備わっていると考えた。他の動物が明日の予測ができないのに対して、人間は――一定の限度内においてではあれ――将来の自分を予測できる。将来の自分の行動について「約束」することができるのも、この予測の能力に基づいている。自分たちを亡ぼしかねない争いを避けるために、政府を形成してその法や命令に従うという「契約」も、言葉を用いた推論によって将来を予測して、言葉によって約束を交わすという、この能力に基づいている。

ただし、約束はそのとおり実行されるとは限らない。人間は自己の利益に忠実な存在であり、推論や計算もそのための手段である。より大きな利益、確実な利益が見込めて、それにともなう危険が少ないとみれば、約束などかえりみずに行動するだろう。だからこそ、強力な主権を設立して、その命令に従わせなければならない。主権による強制によってはじめて、互いに殺し合う内戦を阻止することができる。これがホッブズによる強力な主権設立の理由である。

しかしながら、そのような主権は幻想だとアレントは考える。「権力」は人々が集まって協力しているときに生まれ、バラバラになれば消滅する、その場限りの存在である。そもそもホッブズの場合にも、主権者が行使する強制力は、構成員一人ひとりが主権の設立の際に譲渡した自分自身の力にほかならない。したがって、主権者の命令を率先して実行するという積極的なかたちであれ、命令をだまって受けいれるという消極的なかたちであれ、構成員の協力がなければ主権は消滅する。消滅した後になお、彼らを結びつけて、必要とあれば結集して「権力」を生みだすことができるようにするのが「約束」なのである。

もちろん、「約束」もまた一人ひとりが履行するかどうかにかかっている。ただし、それはたんなる「自己拘束」ではない。自制心などというものがどんなに役に立たないか、心に固く誓った決意など、事情が変われば消え失せるもの、たやすく忘れ去られるものであることを、人は何度も経験してきた。自分自身をも裏切り続けてきた、その痛切な反省があるからこそ、自分を超えた強力な力、「暴力」や神からの処罰といった力に、人は救いを求めてきたのである。

アレントがこの問題に対して示す解決は、自分で自分の行動を抑制するというような「自己拘束」とは異なっている。「約束」もまた「権力」と同じく、複数の人間のあいだで行われる「行為」であって、一人ひとりの行動だけで完結するものではない。そもそも自分自身の言明に責任がとれるほど、人間は完全無欠な存在ではない。哲学者フリードリヒ・ニーチェは、「約束」できること、自らを拘束して自分自身の行動に責任をとることが、本来の人間――通常の人間の域を超えた「超人」――の証しだと考えた。(6)「約束」の重要性に着目したのはニーチェの慧眼だが、それを「主権」という観念と重ねて考えたのは間違っている。不完全な人間が、互いに働きかけ合うことによって、はじめてその「約束」は一定の拘束力をもつ。そもそも人間は自分の行為の結果を見通すことができない、それどころか、自分自身の心の奥底さえ本当に知ることはできない。今の自分でさえよく分からない人間が、将来どのようになるか、どのような気分になるかなど、分かりはしない。「約束」というのは、すべてが予測不能で不確かな世界の中にあって、人間がかろうじて自分自身を確かめる拠り所を――いわば不確実性の大海に浮かんだ孤島を――作りだすのである。

「権力」と「暴力」の相違

「権力」の特質をより明確にするために、アレントは「権力」と「力量」、そして「暴力」を区別して、次のように論じている。(7)

〔権力〕「権力」(power)とは、複数の人間が協力し合うところに生まれる力、共同して行為する「能力」である。それは普段は隠れているが、複数の人間のあいだにおいてはじめて発生する潜在的な力である。

したがって「権力」は個人に内在する特質ではない。複数の人間が共同して、集団として行為するときに、あるいは行為できるときにそれは発生する。共同する集団がなくなれば権力は消滅し、権力が支えていた公的な空間も消滅する。

〔力量〕これに対して、個人に帰属する能力が「力量」(strength)である。一人ひとりの個人がもっている肉体的・精神的な能力の大きさも、他者との比較や何かの尺度を当てることによって測られるけれども、能力あるいはその源泉は個人の内に実体として存在する――「力量」が計測器具や比較によって測定することができるのに対して、「権力」は「力量」と同じ仕方で測定することができない。

〔暴力〕通常われわれが「暴力」(violence)と呼んでいる現象は、個人のもつ「力量」、腕力などの肉体的な力を、他者を服従させるために利用するときに発生する。すでに述べたように、相手の意志に反して行使される「強制」や「支配」は、本来の「権力」とは正反対の現象である。[8] 多くの場合、「暴力」は相手を殺傷することのできる武器などの道具を用いて行使される。それは「道具」によって拡張され、増幅された個人の「力量」なのである。[9]

「権力」がその時々に人々が集まることによって生みだされるものであるのに対して、個人の「力量」と強制のための「道具」を用いる「暴力」は、任意の時と場所で行使できる、「持ち運びのできる」力である。

「権力」と「力量」の違いを踏まえて、アレントは次のように述べている。

権力は、力量と違って、人間の自然的本性、肉体的存在のうちに物理的な限界をもたない。権力の唯一の限界は他の人々の存在だが、これは権力の本質にとって付随的なことではない。複数の人間の存在が権力の発動のための初発の前提条件だからである。同じ理由から、権力は減少させずに分割することができる。複数の権力のあいだの抑制と均衡〔チェック・アンド・バランス〕は、少なくとも権力のあいだに相互関係、影響を与えつつ共同する関係が続いていて、膠着状態に陥らないかぎり、むしろより多くの権力を生みだすことが期待できる。(10)

複数の人間によって生みだされる力である「権力」は、個人に基盤をもつ「力量」と違って、それ自体としては肉体的・物理的な限界をもたない。多数の人間が加わればその力は倍加していく。複数の人間のあいだに発生する力である「権力」を抑制できるのは、同じく複数の人間によって形成される「権力」だけである。なるほど「暴力」は「権力」の担い手である人間を殺傷したり、その結束を解体することによって「権力」を破壊することができる。しかしながら、破壊の後に新たな「権力」を生みだすことはできない。

どんなに専制的な体制であっても、人々を支配するためには何らかの「権力」を必要とする。武器その他の「暴力」行使のための機器を備えていても、それを運用するためには一定の人員を組織して、命令に従わせなければならない。「暴力」が「権力」を生みだすように見えるのは、「暴力」行使の威嚇によって、多数の人間を沈黙させて、消極的に服従させることができるからである。現実に「暴力」装置を発動してしまえば、その結果もたらされるのは殺戮《さつりく》であり、人間そのものの破壊である。そこでは「権力」は消滅する。死者を支配することは誰にもできないからである。

「権力」を抑制できるのは「権力」のみである

そうした観点から見れば、「暴力」よりもむしろ恐ろしいのは「権力」のほうである。体力であれ知力であれ、どんなに優れた「力量」をもつ人物でも、結託した多数者の「権力」に抵抗することは難しい。多数者の「暴政」は、才能ある人間が「力量」を発揮する場を奪うことによって、その才能を腐らせてしまうことができる。優れた才能をもつ芸術家などが、民主政の多数者支配よりも、啓蒙的な専制君主のもとで庇護されるのは、個人の「力量」は支配者にとって必ずしも危険ではないからである。しばしば多数者の暴政の原因が、大衆の愚かさや、傑出した人物に対する嫉妬やルサンチマンに求められることがあるが、問題の本質はそこにはない。「権力」が複数の人間が集まってはじめて生まれる力であること、個人の意図や動機によっては完全に統御できない力であることにこそ、「権力」が時として暴走する本当の原因がある。

多数者がもっぱら自分たちの利益や意見に基づいて決定を行えば、意見を異にする少数の者の権利や利益はないがしろにされる。それが高じれば、数に任せて、特定の人間や集団の利益を侵害したり、権利を剥奪するような事態が起こるだろう。公式の決定にはいたらなくても、有形無形の圧力や嫌がらせによって、少数者の精神的・肉体的な自由を押し潰すことは容易である。多くの場合、それは警察や行政当局などの公的機関の黙認あるいは使嗾《しそう》のもとで行われる。公的機関がそれを押しとどめようとしても、公的決定そのものを支配する多数者の「権力」には逆らうことはできない。

アレントがここで問題にしている「多数者の暴政」は、いわゆる「暴徒」の支配ではない。デマや噂によって煽動された大衆、一時の雰囲気や感情に駆り立てられて暴徒と化した群衆であれば、警察や治安当局による「暴力」を用いた強制によって無力化することができる。だが、公的機関とその決定そのものを左右する「多数者の暴政」には、公的機関の権限やその裏づけとなる「法」は対抗できないのである。

われわれは法によって権力を抑制できると考えがちだが、法による権力の抑制は少なくとも信頼できるものではない。それというのも、立憲政府、制限政府、合法的政府などによって抑制される支配者の権力というものは、実際には権力ではなく暴力、すなわち、多数者の権力を独占することによって倍加された一人の人間の力量（strength）にすぎないからである。これに対して法というものは、つねに多数者の権力によって廃止される危険にさらされている。法と権力とのあいだに対立が生じたとき、法が勝利することはめったにない。かりにもし法が権力を抑制できると仮定したとしても——本当に民主的な形態の政府が最悪かつ最も恣意的な専制に堕落しないためには、みなこの仮定に依拠しなければならないのだが——、法による制約は権力のもっている潜在的な力を減退させることになるだけである。権力だけが、権力を押しとどめて、しかもその権力を損なわずに保つことができる。権力分立の原理というのは、政府の一部が権力を独占しないよう保障するだけでなく、たえず新たな権力を生みだしながら、それがあまりに増大し、拡大して他の権力の中心や権力の源泉を損なわないよう、抑止する仕組みを統治機構それ自体の内部に組み込むのである。(11)（傍点原文イタリック）

「権力」を抑制できるのは「法」ではなく、「権力」である。「法」が先に述べた「約束」による相互拘束の一種であるとすれば、それを実施するのもまた人々の生みだす「権力」だからである。いわゆる「法の支配」が抑制することができるのは、「権力」ではなく「暴力」による支配でしかない。「暴力」であれば、それを命令する者や行使する者を「権力」によって抑制することは可能である。だが「権力」には「権力」以外に対抗できるものはない。「権力」の暴走を抑制する上で、権力の分割による相互抑制という「権力分立」の原理が有効なのは、そこに理由がある。

もとより「法」がまったく無力だとか無意味だというわけではない。法がしかるべき「権威」をもって尊重されることは、体制の安定にとっても、少数者や弱者の保護のためにも重要である。そのための条件については第8章で検討する。いずれにせよ、アレントは、特定のルールを金科玉条のように重視する立場とも、法はいつでも任意に変更したり解釈したりできるとする立場とも、無縁である。

「評議会」の地下水脈

権力分立の効用は、相互抑制や均衡の維持にとどまらない。「権力」が衝突し合って相殺するのではなく、連携して協力し合うならば、より大きな「権力」を生みだすことができる。「権力」の分割はただちにその抑制や縮小を意味しない。複数の「権力」の「連合」(federation)は、統一された「権力」よりも弱体であるわけではない。ヨーロッパの国家理論において、連邦制は主権国家の連合体か、国家主権の州への分割・譲渡かというかたちで議論されてきたが、アメリカ合衆国は、そのような「主権」を前提としない「連合」として成立したとアレントは言うのである。

アメリカ革命における人民の協力と「連合」による「権力」の形成は、一度限りの特異な出来事ではない。アメリカ革命とは異なる軌跡をたどったフランス革命においても、ジャコバン派の革命政党に対抗するかたちでさまざまな人民協会が形成された。民衆の自然発生的な結合という現象は、一八七一年、フランス第二帝政の崩壊とともに出現したパリ・コミューン、さらには一九〇五年の第一次ロシア革命ならびに一九一七年二月革命のソビエト、一九一八年ドイツの敗戦とともに生まれた労働者・兵士評議会(レーテ)、そして一九五六年秋のハンガリー革命というかたちで、地域や伝統、組織の影響などとはまったく関係なく出現している。言いかえれば、民衆の要求をくみ取る議会などの機関が機能不全になることによって、既存の体制が「権力」を喪失したときには、あたかも地下水脈から湧き出るように、いつでもどこでも生まれてくるものなのである。

それでは、人民によって形成される「権力」の基礎単位としての「評議会」とはどのような組織か、その特徴は何かを検討することにしよう。

注

（1）「政治の営み」を他の人間活動の領域と区別して——まさに誰の目にも見えるように——制度化したのが古代ギリシアのポリスであった。ギリシアにおけるポリスと家（オイコス）の区別は、もっぱら家の中で行われていた生命維持・生活のための経済活動が拡大して、「社会」という新たな領域が形成されるにともなって、不明確になり、それとともに「政治の営み」の本来の意味も見失われていく。アレントが『人間の条件』（牧野雅彦訳、講談社学術文庫、二〇二三年）の第二章「公的領域と私的領域」で、ギリシアにおけるポリスと家（オイコス）の区別を参照しているのは、そこに示された「政治」の意味を掘り起こすためであって、ポリスという制度そのものを再興するためではない。

（2）アレントは古代ギリシアのポリスを「都市国家」と呼んでいるが、近代以降本格的に成立する「国家」（state）の語を、それ以前の古代社会や封建社会に当てはめられるかは議論の余地がある。同様のことは近代国家の属性としての「主権」などの概念や、「国民」についても当てはまる。アレント自身の「政治」の定義にとって重要なのは都市市民の「共同体」のほうなので、本書では「都市共同体」の語を使用する。「国家」を「階級支配のための装置」として定義するマルクスなどの立場から見れば、古代ギリシアやローマの市民の共同体も――ペルシャをはじめとする専制支配体制と同様――「国家」である。これに対してウェーバーは、ギリシアのポリスや中世ヨーロッパの都市などの「政治共同体」としての側面を強調している。

（3）前掲『革命について』二六八頁。

（4）同右、二六八―二六九頁。

（5）過去の過ちから人を解放して、政治的な共同体を再建するための方法が、アレントの言う「許し」である。本書第9章を参照。

（6）フリードリヒ・ニーチェ『道徳の系譜』第二論文。「真実に約束することのできるこの自由となった人間、この自由なる意志の支配者、この主権者、――この者が、かかる存在たることによって自分が、約束もできず自己自身を保証することもできないすべての者に比して、いかに優越しているかを、いかに多大の信頼・多大の恐怖・多大の畏敬を自分が呼び起こすか――彼はこれら三つのものすべての対象となるに「値する」――を知らないでいるはずがあろうか？　同時にこの自己に対する支配とともに、いかにまた環境に対する支配も、自然および一切の意志短小にして信頼しがたい被造物どもに対する支配も、必然的にわが手に委ねられているかを、知らないでいるはずがあろうか？」『ニーチェ全集11　善悪の彼岸　道徳の系譜』信太正三訳、ちくま学芸文庫、一九九三年、四二六頁。また、前掲『人間の条件』四一二―四一三頁を参照。

（7）前掲『人間の条件』三五五―三五六頁。なお、アレントは『暴力について』一三二頁以下で、「権力」「力量」「暴力」の三つに加えて、「強制力」（force）、「権威」の概念を加えて整理しているが、「力量」と「暴力」のあいだに「強制力」と「権威」を挟んで並べたために、「力量」を道具によって増幅したのが「暴力」であるという関係が分かりにくくなっている。「強制力」は「自然の力」や「事の成り行き」のように「物理的ないし社会的運動で生じたエネルギー」を指すものとされる。「暴力」と「強制力」とをあえて区別することの意義についてアレントはそれ以上に論じていないが、この定義に従って、「全体主義運動」の生みだすエネルギーのもたらす「強制力」と、人々の自発的な協力に基づいて生まれる「権力」とを区別することはできるだろう。なお、「強制も説得も必要なく」「それに従う者が疑問を呈することなく承認することによって保証される」力であるというここでの「権威」の定義はいささか舌足らずであり、第7章本文であらためて説明する。

(8) ただし、強制のための道具は物理的な力によるものとは限らない。銃などの武器は「相手の抵抗を排除する」ための「手段」であって、殺傷することが「目的」ではない。この点は治安警察でも軍隊でも同じであって、「相手の抵抗を排除する」という「目的」を超えた殺戮は、治安維持や体制安定の観点からも、領土の獲得・回復などの戦争目的の観点からも逆効果である。したがって、武器による「威嚇」だけでなく、精神的・心理的な手段、薬物や系統的なマインド・コントロールなどによる精神や身体の操作も「暴力」の内に入るだろう。

(9) アレントは近代の科学技術の決定的な特徴を、人間の手の延長であった「道具」から、動力を備えて自律的に作動する「機械」への発展の内に見ている(牧野雅彦『精読 アレント『人間の条件』』、講談社選書メチエ、二〇二三年、一四九頁)。強制のための「道具」もまた「機械」へと発展するにともなって、使用者個人の肉体的・精神的な「力量」そのものからかけ離れた効力を発揮するようになる。

(10) 前掲『人間の条件』三五七―三五八頁。

(11) 前掲『革命について』二三六―二三七頁。

第2章　評議会とはどのような組織か

古代都市から国民国家へ

典型的な「政治の舞台」であった古代ギリシアの都市アテナイには、最盛期の成人男子市民が各階層あわせて五、六万人いたといわれる。もっとも実際に民会に集まったのはそのすべてではない。民会の場は、前四世紀に市場などの公共施設のあった広場アゴラからプニュクスの丘に移されるが、そこに建設された会議場の収容規模が六〇〇〇人、その後一万三八〇〇人に拡大された。日本武道館の収容規模が約一万四五〇〇人というから、それとほぼ同じ広さの会場で年四〇回程度開かれた民会には常時六〇〇〇人前後が出席していたと推定されている(1)。

近代の国民国家になると、そのような大規模な集会を毎週のように開催するのは不可能である。たんに政治体の規模が拡大しただけではない。そこでは、不特定多数の人間が、新聞などのメディアを通じて同じ時間と話題を共有する。「国民」とは、具体的な顔や名前を挙げることはできないけれども、同じ言語、文化とそれに基づく利害関心を共有する同胞の存在を信じている「想像の共同体」だと述べたのはベネディクト・アンダーソンだが[2]、顔の見えない不特定多数の「国民」を、その代表を通して「見える」ように組織するのが議会である。

国民国家の形成と「社会」の興隆

「国民」の形成は近代における「社会」の登場と密接に関連している。もっぱら家の中で営まれていた経済の営みが市場を通じて拡大していく。人々は、商品経済という不特定多数の人々に開かれたネットワークを通じて結びつけられる。そこに形成される新たな公的領域、「政治」の舞台とは区別された領域が「社会」である。その社会の構成員が一つの政治的共同体を形成したのが「国民国家」であり、そうした「国民」集団の政治的独立への意志の表現が「ナショナリズム」である。

したがって、「国民」は単一の均質的な人間集団ではない。「社会」を構成する階級・階層は、言語・文化・宗教を共有する民族と交錯している。通常は一つの民族が多数を占めて、彼らの文化が「国民」の共通文化の主要な部分となるが、多数派民族と「国民」とが完全に一致するのはヨーロッパでも例外である。国民の中の各階級・階層が民族や宗教などの区分と重なり合って、階級的な対立はしばしば民族間の対立に転化する。これらの階級や階層を基盤とする利益団体を傘下に収めた政党が、彼らの利益を議会で表明=代表するのである。

「利益」と「意見」の区別

政治の場が、古代ギリシアのような規模の小さいコミュニティから、一箇所に集まることのできない大規模な政治体に拡大すると、選挙などの方法による代表機関の選出は不可欠となる。代表機関の制度設計の際には、「利益」と「意見」を区別することが重要である。アレントによれば、アメリカ合衆国の上院は「意見」表明の場の一つの典型であった。

利益と意見（opinion）とはまったく異なる政治現象である。政治的には、利益は集団的な諸利益〔複数〕としてのみ意味をもつ。〔集団的利益というものは本質的に部分的なもの、一部の利益であるので、〕その部分的な性格がどんな状況の下でも保護されていれば——どれか一つの集団の利益が大多数を占めているような状況のもとでも、それぞれの集団の利益が代表されるなら——、それら集団的な諸利益はすでに十分に純化されたということになるだろう。これに対して、意見は集団のものでは決してなく、「冷静かつ自由に理性を働かせる」個人にのみ属している。社会全体であれ、その一部であれ、複数の人間の集合（multitude）が一つの意見を形成することはできない。意見は、人々が互いに他の人々と自分の意思を自由に伝え合って、自分の見解を公の場で発表する権利をもつときには、いつでも生まれてくる。だが、一人ひとりの見解は無限に多様であるので、これを純化して代表することが必要となる。公に表明されたすべての見解を濾過《ろか》する「媒体」となることが、アメリカの上院のもともとの役割だ

ったのである。(3)

利益は階級・階層などの集団ごとにおおむね一致する。だからこそ異なる利益集団や階級・階層のあいだで調整が必要であり、また調整の結果として一定の妥協が可能となる。これに対して、自由な討論において現れる「意見」は個人に属し、どこまでいっても多様なものであらざるをえない。アメリカの憲法体制においては、利害を代表する下院に対して、多様な「意見」を相互に表明し、相互に意見を交換する過程でチェックしながら「公的見解」(public views：複数形であることに注意)を形成するというのが、上院の役割だったと言うのである。

もとより「代表」が特定の選挙区や集団から選ばれたものであるかぎり、個人の「意見」と、選挙民や選出母体の「利益」を劃然と区別することは不可能だろう。アレントもそのようなことを求めているわけではない。さまざまな集団、場合によっては宗教や文化、民族や人種を異にする集団のあいだの利害の調整の過程では、自由な「意見」の表明と討論は「余計なもの」「時間の無駄」と見なされて、排除される。なるほど、限られた時間の内に一定の結論を出して行動の指針を示すことも政治の重要な任務である。緊急事態や非常時だという理由で、自由気ままな発言や討論は棚上げにすべきだという「意見」にも、一定の説得力があることは確かである。しかしながら、多数の人々が集まるのは、そこに解決しなければならない「共通の問題」があると彼らが認めたからにほかならない。体制が大きく変動する際には、革命や内戦という非常事態にともなうさまざまな困難にもかかわらず、代表の選出と集合が行われるのはそのためである。

さまざまな「利益」を代表する集団間の対立が深刻になって、妥協による調整では解決が困難になったときにこそ、自由な「意見」に基づく討論が求められる。深刻な対立の背景には、社会や制度の構造的な問題が存在する。既存の制度によって保証されていた既得権や権益が揺らぐとき、このままでは普通の生活が維持できなくなると人々が感じるとき、対立は深刻になる。今の制度や社会の構造の存立を脅かしている原因は何か、どのようにして対処するのか、より広い視野で、より長期的な観点から問題を解決するためには、既存の集団の利益にとらわれない議論が必要になる。「政治」というのは、「共同して解決しなければならない問題」に正面から向き合う営みなのである。

代表制のジレンマ

こうした観点から見れば、より重要なのは「代表」という制度そのものに内在する困難である。

代表制は人民の直接活動のたんなる代替物にすぎないのか、それとも、人民によって統制された代表者による人民に対する支配なのかという昔ながらの対立は、解決することができないジレンマの一つである。もし、選ばれた代表が人民の命令に拘束されていて、代表が集まるのは主人である人民の意志を遂行するためだけだとすれば、彼らに残されているのはせいぜいのところ、自分のことを、外見は立派だがたんなるメッセンジャー・ボーイにすぎないと考えるか、それとも弁護士のように依頼人の利益を代弁するために雇われた専門家と考えるかの違いくらいである。〔中略〕これに対して、代表が、任命された一定期間のあいだ、自分たちを選んだ人々の支配者だと考える場合には――もちろん公職の輪番制（rotation）の場合には、厳密な意味での代議制統治は存在しない――選挙民は自ら進んでではあれ、自分自身の権力を譲り渡すことになり、「すべての権力は人民にある」という古い格言は選挙の日にだけ当てはまることになる。(4)

ここには「代表」という制度にともなうジレンマが示されている。選ばれた代表が選挙民の意志の忠実な執行者であるならば、そこで行われることはたんなる管理＝行政（administration）となり、本来の「政治」、公的な場で意見を戦わせるという営みは消滅する。他方で、選ばれた代表が選挙民から自立して、自らの意志に基づいて行動すれば、今度は代表者が選挙民を支配することになる。かつてルソーが批判したように、「人民は選挙のときだけは自由だが、選挙の後には奴隷になる」。いずれの場合にも、「支配」と「服従」の関係がそこには発生する。自由な「意見」を戦わせる本来の政治の場は、上からの「支配」からも下からの「支配」からも自由でなければならないとアレントは言うのである。

評議会――同輩者による相互選抜と抑制

それでは評議会における代表はどうなのか。「評議会」や「協議会」と呼ばれる連合体においても、それぞれの基礎集団から代表を選んで、上位の代議委員会や執行委員会が形成される。それは通常の議会における代表とどこが違うのか。この問いに対して、アレントはこう答えている。

この「基礎的共和国」(elementary republics)から、評議会の参加者たちは彼らの代表を選んで上位の評議会へ送り出し、これらの代表がさらに同輩者によって選ばれることになるのだが、彼らは上からの圧力にも下からの圧力にも屈することはない。彼らの資格は、自分と同等の者たちの信任以外の何ものにも依拠していないからである。彼らのあいだの平等は自然のものではなく、政治的なものである。それは持って生まれたいかなる性質とも関係がなく、共同の企てに加わることを決意して、今やそれに携わっている者たちのあいだの平等である。ひとたび選ばれて上の段階に送られた代表者は、そこで自分と同等の者たちに取り巻かれる。このシステムでは、どの段階の代表もそれぞれ特別の信任を得て送られた者たちである。こうした統治の形態が全面的に発展すれば、それは再びある種のピラミッドのかたちをとることになるだろう。もちろんピラミッドというのは本質的に権威主義的な統治の形態である。だが、これまでの権威主義的統治の場合には、権威は上から下へと降りてくるのに対して、この〔評議会の〕場合に権威が生み出されるのは頂点からでも最下層からでもなく、ピラミッドの各層においてなのである。(傍線引用者)(5)

評議会においても人々は代表を選ぶ。ただし代表は、支配することも、支配されることもない。各級の評議会では、対等平等の構成員のあいだで、協議や討論の過程で優れた意見、説得力や行動力を示した人物が選ばれる。選ばれた者は、あくまでも「同輩者中の第一人者」にとどまり、同等の構成員に指示や命令を出す権限をもたないし、他の構成員は命令に従う義務を負うわけではない。彼の意見が支持されるのは、あくまでもその内容、説得力が認められるかぎりにおいてである。そうした原則に基づいて積み上げられた評議会のシステムにおいては、上級の評議会と下級の評議会の関係において支配・服従の関係が発生することはない。なるほどそこにはある種の「権威」を帯びた階層構造が成立する。だが、権威主義体制における「権威」が「上から下へ」、超越的な上位の源泉から発するのに対して、評議会システムにおける「権威」は、対等平等の者のあいだの相互承認に基づいて生まれるのである。

このことは、上級の評議会で協議された決定が下級の評議会に伝達されて、実行に移される過程を考えれば明確になるだろう。自分たちと同等の者が行った決定を受けいれて、それを実行するか否かは、「同輩者」たちの意志に委ねられている。彼らがその決定に基づいて協力してはじめて、その決定は拘束力を獲得する。彼らがそれを受けいれなければ、決定は有効性をもたない。これはアレントが述べた「権力」の特質——人々が協力するときにのみ「権力」は発生するという「権力の統語法」——の応用である。

他方で、先の引用末尾にもあるように、「評議会」の「権威」は、「最下層から」生まれたものではない。通常の民主制においては、代表をはじめとする制度や政策の「正統性」は、「国民」あるいは「人民」の支持・承認に求められている。「権威」は最下層の民衆の支持を源として、「下から上へ」と登っていく。そこで選ばれた「代表」は、「国民」の公僕、「人民」の忠実な僕《しもべ》にとどまる。そうした想定に基づいて、「代表」をあくまでも「人民」の意志に拘束するために、住民投票やリコールなどの「直接民主制」の制度が導入される。しかしながら、自由な「意見」の表明と討論に基づく「政治の場」がそこに形成されなければ、これは「人民」による下からの「支配」である。もっとも、「国民」や「人民」それ自体が「支配」することは不可能であり――だからこそ代表が選ばれるのであるから――、その実態は「人民」や「民衆」の名を僭称《せんしょう》する党派による独裁にほかならない。

対等平等な構成員による相互承認という「評議会」の原理は、代表者は選挙民の「主人」か、それとも「召使い」かという「代表制のジレンマ」を回避することができるとアレントは言うのである(6)。

政党と評議会の対立

そのような意味における「評議会」は、議会制とは本質的に相容れない。議会という制度は、政党や各種団体に加わって選挙などの政治活動に積極的に参加する能動的な市民と、政治に対してそれほどの関心をもたず、天気が良ければ投票には行くけれども、それ以上の参加はしない受動的な市民との区別を前提としている――もちろん、自分がどちらの部類に入るかは本人の自由な意志と選択によるというのが、身分制に基づかない議会制民主主義の民主主義たる所以《ゆえん》なのだが。政党とは、国益の実現や社会的正義などの理想・理念のためであれ、権力欲や権力の座につくことで得られる利得・役得のためであれ、政治に対して何らかの「利益」（interest 関心）をもつ人間の集団である。マックス・ウェーバーやヨーゼフ・シュンペーターの言うように、政治に対して積極的な「関心」をもつ人間が自発的に結集する集団としての政党の存在――つまりは政治に専念して、政治を生業とする職業政治家の存在――を前提として、選挙を通じて有権者の支持を競わせるのが議会制の特徴である。(7)

これに対して、評議会は政党のような一部の人間集団の結束とは相容れない。このことは、「評議会」「協議会」「連合」といった名称がつけられている組織に、党派の争いが介入すればどうなるかを考えれば理解できるだろう。その内部で構成員が党派や派閥に分かれて争えば、組織は機能不全に陥るか、あるいは一部の派閥が組織を牛耳ることになる。もっとも、これらの組織はおおむね構成団体や基礎組織の「利益」を大前提として、相互に調整することを課題としているという点で、アレントの考える「評議会」とは異なっているのであるが。(8)

英米型の政党制の特質

ただし、議会制が補完的なかたちで評議会型の参加のシステムを取り入れることはありうる。英米型の政党制がその実例である。

イギリスにおける近代政党組織の出発点となったといわれるバーミンガムの「コーカス」は、地区ごとに集まった支持者が普通選挙で役員組織「六百人組」を選出し、この「六百人組」ですべての政策立案は審議され、各地区の全党員の討議と同意に基づいて市会へ提出された。(9) ちなみに、コーカスが設立された一八七〇年代当時の英国では、全国議会における一八三二年、一八六七年、一八八四年の三次にわたる選挙法改正でも、また地方議会の選挙においても男子普通選挙はまだ実現されていなかったことを考慮すれば、コーカスが財産資格をもつ成人男子の「有権者」よりも広い支持者を基盤としていたことは注目すべきだろう。イギリスの政党はその内部に評議会型の参加のシステムを組み込んでおり、それが政党の「権力」の基盤となっていたのである。この点は、各種の予備選挙などによって支持者の参加のシステムを取り入れたアメリカの政党制にも共通している。英米の政党の特徴について、アレントは次のように述べている。

選挙民と代表、国民と議会とのあいだにコミュニケーションが存在していることが、イギリスやアメリカの政府とその他の西欧諸国の政府との顕著な違いなのだが、たとえそうしたコミュニケーションがあったとしても、それは平等な者同士のコミュニケーションではなく、統治しようという意欲に燃えた人々と、自分が統治されることに同意する人々とのあいだのコミュニケーションなのである。「人民による人民の統治」という定式を、「人民の中から出てきたエリートによる人民の統治」という定式に変えるという点に、政党制というものの本質はある。(10)

イギリスの政党が政権を担当することができたのは、選挙民の要求や意見をくみ上げる回路が存在していたからである。党内外の人々の積極的な支持と協力を取り入れる基盤があってはじめて、政権を担当することが可能となる。ヨーロッパ大陸型の政党制では、政党を超越した国家が全体を代表し、政党は経済その他の特定の利害代表に自己を限定するのに対して、英米型の政党制においては、政党に組織された市民の集団が国家を掌握して統治を行う。その基盤は、選挙民の支持によって生みだされる「権力」にあった。

単数の「世論」と複数の「意見」

しかしながら、英米型の政党も、結局は有権者を「支配」するための組織である。政党によって構成される議会は「人民から選ばれたエリートの統治」のための装置であり、真の意味での討論のための場とはなりえない。ここで焦点となるのは、先に述べた「意見」と「利益」の相違である。

意見は、公的な場で行われる開かれた討論（open discussion and public debate）の過程で形成される。意見を形成する機会のないところでは、大衆の気分（mood）と個人の気分はあるかもしれないが、意見は存在しない――個人の気分は大衆の気分に劣らず移り気で信頼できるものではない。だからそうしたところで代表者ができることは、有権者が自ら活動する機会を得たときにするのと同じように活動することだけである。このことは、利益や福祉の問題には当てはまらない。利益や福祉は客観的に確認することができるし、利益集団のあいだのさまざまな紛争は行動や決定の必要性を生みだすことになる。利益に関してならば、選挙民たちは、圧力団体、ロビー活動その他の手段によって代表に影響力を行使することができる。つまり彼らは他の選挙民の集団の要求や利益を犠牲にして自分たちの要求を実行するよう代表者を強制するのである。この場合に選挙民は自分たちの私的な生活や幸福への利害関心から活動している。彼らにもまだ幾分かの権力が残されてはいるけれども、それは共に活動し、共に議論を重ねることによって生まれる権力というよりは、恐喝によって有無を言わせず相手を従わせるゆすり屋の強制力に近い(11)。

ここでアレントの言う「意見」は複数形の「opinions」であって、単数形の「世論」(public opinion)とは異なることに注意しなければならない。大衆と個人の気分(ムード)によって左右される「世論」は、劃一的でその時々の雰囲気(ムード)によって移り変わる。これに対して、「意見」は複数の異なる見解、見方の相違として現れ、それは時には鋭く対立する。いやむしろ「意見」の相違は、誰もが見聞きする場でなされる討論を通じてはじめて明確になる。その意味においては、「意見」は公的な場での討論を通じて形成されるということができるだろう。それは誰か他の者によって「代弁」されることはない。複数の異なる「意見」があるからこそ、説得と納得を通じての「合意」形成が必要となるのである。

これに対して「利益」は、人々のあいだに客観的なかたちで存在し、確認することができる。だからこそ代理人が代弁し、「代表」することが可能となる。「代表制」のジレンマといわれるものの原因は、本来は一つではありえない「公的な事柄」に関わる「意見」を形成するはずの場が、ルソーの「一般意志」のような単一の「意志」の表明の場とされることにあった。単一の「意志」の実態は単一の「利益」にほかならない。そこでは複数の「意見」ではなく、さまざまな「利益」が代弁されて、それらの対立と調整の結果が「共通の利益」「公共の福祉」として表明される。主として「利益」の代表と調整のための制度である政党と議会が、「意見」の表明と討論の場である「評議会」と原理的に対立するのは当然のことだろう。

労働運動における評議会の展開

体制がうまく機能しなくなったとき、あるいは人々が所属していた階級や階層の組織が解体しはじめたとき、既成の政党を否定する二つの運動が生みだされる。一つは「全体主義」の運動、そしてもう一つは、人々の自由な意志に基づく結合によって生みだされた「評議会」の運動である。既成の制度や組織の絆が緩んでバラバラになった「大衆」を動員することで成長する「全体主義」の運動と、既成の政党を乗り越えようとする「評議会」の運動が一見すると類似しているのは、それを生みだす原因が同じだからである。既成の体制に対する反抗が思わず足をすくわれる危険がそこにはある。右翼か左翼か、保守か革新かといった区別はそこでは役に立たない。[12]

十九世紀末から二十世紀のはじめにかけて、既成の議会制民主主義に対する異議申し立ての主要な担い手は労働者階級だった。彼らは労働組合を結成して資本家・経営者と対峙し、政治的要求の実現にむけて労働者政党・社会主義政党を結成して議会に進出する。そのことは政治の世界を大きく変えた。日の当たらない「労働」の担い手が政治の場、公的な世界に参入を果たした世界史的な出来事だったとアレントは高く評価している。

労働者たちの運動はさらに労働組合や社会民主主義政党そのものを乗り越えようとする。フランス第二帝政の崩壊後に登場したパリ・コミューンの担い手は職人層だったといわれるが、二十世紀に入ってからの評議会運動、一九〇五年のロシア・ペテルブルクの労働者代表評議会、そして第一次世界大戦中から戦後にかけての時期には一九一七年のロシア・ソビエトはもとより、イギリスのショップ・スチュワード運動、アントニオ・グラムシの指導したイタリアの「工場評議会」、そしてドイツにおける「レーテ（評議会）」というかたちで、工場経営を基盤とする労働者の自発的な運動が簇生《そうせい》している。これらの「評議会」運動は労働者たちの働く職場に基盤をもつという点で、既存の労働組合や社会民主主義政党だけでなく、共産党などの革命政党とも対抗できるだけの「権力」を有していた。たとえばベルリンの金属労働者たちを基盤とする「革命的オプロイテ」は、第一次世界大戦後に首都ベルリンの労働者・兵士評議会およびその執行委員会の指導権を握り、ローザ・ルクセンブルク、カール・リープクネヒトらが結成した「スパルタクス団」とは革命戦術をめぐって対立していた。後にドイツ共産党となるスパルタクス団の支持派はローザ自身をはじめとして評議会にほとんど代表を送り込めなかったのである。

労働者を中心とした「評議会」の運動が挫折したのは、旧体制や資本家の「暴力」による弾圧だけが原因ではない。一九一七年二月のロシア革命の際に形成された評議会＝ソビエトの事例がそのことを示している。戦争による疲弊から、食糧を求める労働者のデモは首都サンクト・ペテルブルクの街頭を埋め尽くし、これに対する弾圧に抗議した兵士の反乱から、帝政ロシアの体制は崩壊する。事態を収拾すべく形成された臨時政府に対抗するかのように生まれたのが、労働者・兵士による評議会組織としてのソビエトである。ペテルブルクの労働者を中心に設立されたソビエトは、またたくまに各地に広がり、およそ二ヵ月のあいだに各地のソビエトから選出された代表による暫定執行委員会の体制が形成される。そこにはボリシェヴィキだけでなく、メンシェヴィキやエス・エル（社会革命党）、労働組合など各種の革命集団の代表が加わっていた――それぞれの党派の代表＝代理人としてではなく、各人が対等平等に「意見」を戦わせるというのがアレントの言う評議会の特質である――。ボリシェヴィキは各種の評議会において多数を獲得できず、少数派にとどまっていた。そのボリシェヴィキがソビエトとその機関を実質的に牛耳る際のスローガンが「労働者統制」、労働者に工場などの経営を統制する権限を与えよという要求だった。メンシェヴィキや労働組合はこれに消極的だったといわれる。これによって労働現場での労働者大衆の支持を獲得したボリシェヴィキは、他の諸党派を排除することに成功する。ソビエトが革命政党の独裁の機関になったのはそれからである(13)。

既得権にあぐらをかいた政党や労働組合を打破せよという要求が、しばしば急進的な立場をとる勢力から叫ばれる。しかしながら、そうした急進的な要求は、上からの動員に絡め取られる危険があることに注意しなければならない――もちろんこのことは、右翼や保守派の場合にも当てはまる。

経営管理と評議会

アレントにとって、経済における経営管理やさまざまな社会的サービスの行政管理――ともに英語では administration と呼ばれる――と、評議会の課題とすべき「政治」の問題とは区別しなければならない。

なるほど評議会運動の原動力となった職場の労働集団の要求には、工場の運営や経営の管理に関する要求が含まれていた。しかしながら、職場の労働環境、賃金その他の労働条件をめぐる管理者や経営者に対する要求と、その工場での生産物、製品そのもののあり方、さらには生産物の社会的な効用・評価に関する問題などとは、相対的に次元を異にする。第一の問題については主に労働組合によって担われて、時には経営者との激しい対決、あるいは弾圧をともなう闘争の中で労使交渉の制度が確立されてきた。労働者の要求が生産のあり方に及ぶことはあったし、企業家の側から生産現場の改善やモチベーションの向上に労働者の参加が利用されてきたことは周知のとおりである。しかしながら、経営そのものを労働集団が管理するとなると、価格変動や景気によって生ずるリスクへの対処や、効率や収益性というかたちで経営の責任が求められることになる。労働者による自然発生的な職場占拠や、経営管理者の逃亡といった事情からはじまる労働者の経営管理がおおむね短期間で終息するのは、そこに理由がある。

問題は経済の領域だけにとどまらない。宗教、科学、芸術や教育などの領域においても、それぞれの管理・運営の関係者、参加者や受益者のさまざまな要求をどのように調整するかという問題が生じてくれば、そこには「政治の場」が立ちあがる。その場合にも、それぞれの分野の固有の領分や制度や機関の存在理由を明確にして、「政治」が関わる領域と区別することは、自由な営みとしての「政治」の存立そのものに関わる重要な課題である。

注

(1) 橋場弦『民主主義の源流――古代アテネの実験』講談社学術文庫、二〇一六年、一一四―一一八頁。

(2) ベネディクト・アンダーソン『定本 想像の共同体――ナショナリズムの起源と流行』白石隆・白石さや訳、書籍工房早山、二〇〇七年。

(3) 前掲『革命について』三六七―三六八頁。

(4) 同右、三八二頁。

（5）同右、四三九頁。
（6）同輩者の相互承認を通じて形成される「権威」は、古代ローマからアメリカ憲法に継承される独特の「権威」の基礎と考えることができるだろう。この点については第7章を参照。
（7）ウェーバー「新秩序ドイツの議会と政府」中村貞二・山田高生訳、『ウェーバー政治論集 2』みすず書房、一九八二年。シュンペーター『資本主義、社会主義、民主主義 Ⅱ』大野一訳、日経BPクラシックス、二〇一六年。
（8）通常の「評議会」や「協議会」「連合」といった組織は、アレントが考える「評議会」そのものではない。しかしながら、そうした組織が実効的な「権力」をもつためには、同輩者の相互承認による代表選出、上位機関の決定に対する下位組織の同意といった原則が実行される必要があるだろう。
（9）河合秀和『現代イギリス政治史研究』岩波書店、一九七四年、六七―六八頁。なお、アメリカの政党組織でも「コーカス」という用語があるが、意味内容は違っているので注意が必要である。「コーカス」という言葉は、もともとアメリカ・インディアンの長老会議から来ているといわれる。
（10）前掲『革命について』四三七頁。
（11）同右、四二六頁。
（12）大衆社会状況の中で孤立して、他者との関係を切断されて、方向感覚を喪失した個人をイデオロギーによって動員し、組織するのが「全体主義」の特徴である。その点で、同じく個人から出発しながら、一人ひとりの自由な意志と決断に基づいて協力し合う「評議会」とそれが生みだす「権力」とは異なっている。ただし、「全体主義」の運動に巻き込まれた個人は、方向感覚を喪失しているとしても、まったくの狂人ではない。人並みの理解力や記憶力、想像力を備えた「ごく普通の人間」を動員するところに、全体主義支配の特徴はある。「自分はまともだ、正常だ」と自認している人間がはまる落とし穴がそこにある。
(13) ロシア革命における評議会の展開について、アレントはオスカー・アンヴァイラー『ロシアにおける評議会運動　一九〇五―一九二〇年』(一九五八年) に依拠している。その概略については牧野雅彦『アレント『革命について』を読む』法政大学出版局、二〇一八年、二七〇―二七五頁および三二三―三二四頁の注18を参照。なお、ハンガリー革命についての分析でもアレントはアンヴァイラーの論文を参照している。

第3章 「連合」の原理と国際関係

「権力」の相互抑制による「連合」という原理は、国民国家のシステムを前提としていない。したがって、それは主権国家を超えた国際関係にも適用できるはずである。アレントがこの問題に言及していることはそれほど多くないが、ここではユダヤ人国家イスラエルをめぐる問題、そして戦後ヨーロッパの秩序形成の焦点となったドイツ問題についての見方を紹介しておこう。

ユダヤ・アラブ二民族国家構想とアレント

アレントがナチスの迫害を逃れてパリに亡命していた時期に、中東パレスチナへのユダヤ人青少年の移民を進める「ユース・アーリヤー」の運動に加わっていたことはよく知られている。アメリカに渡った後にアレントは、ユダヤ人国家の建設を進めるシオニズムの運動とは距離を置くようになっていくが、ユダヤ人が「故国」(homeland)を獲得することは必要だと考えていた。それによってはじめてユダヤ人はどこにも故郷をもたない民族であることをやめて、他の民族と同等の立場に立つことができると考えたのである。(1)

そうした観点からアレントは、パレスチナの地においてアラブ民族とユダヤ民族が一つの国家を形成するというユダ・マグネス（一八七七―一九四八年）の「二民族国家」構想を支持している。アメリカ生まれのユダヤ人マグネスは第一次世界大戦中に平和主義者として活動するとともに、シオニスト運動にも参加、ヘブライ大学の創設に指導的な役割を果たしている。一九二二年に自らパレスチナに移住するが、ナショナリズムへと傾斜するシオニズム運動に失望して、パレスチナでのアラブ民族との協調に尽力している。「二民族国家」構想は、ユダヤとアラブ両民族の和解と協調のためのプランだった。アレントの整理によれば、マグネスの構想は次の三つの側面から成っている。(2)

1、アラブ人とユダヤ人とが平等な政治的権利と義務に基づく連邦国家を形成する。二民族間の政治的平等が有効に保障されるためには、この連邦国家を包摂するさらに広い「連合」が必要である。

2、そのために、歴史的・地理的に一体であったパレスチナ、トランスヨルダン、シリア、レバノンが一つの政治的・経済的な連合体を形成する。

3、さらに中東という地域の中で、この連合体の存立を保障するためには、英米との連携が必要である。

アレントはマグネスのこの構想をおおむね支持しながらも、次の点で不十分だとしている。すなわち、マグネスの構想ではユダヤ人は二民族国家を包括するアラブ連合の中ではマイノリティの立場に置かれることになる。そのアラブ連合は大英帝国あるいはアメリカ合衆国の保護領となる。中東という地域の戦略的・地政学的位置からして、英米両国はそこでの権益を守るためにアラブ諸民族と取引するだろう。マイノリティとなったユダヤ人の利益がないがしろにされるならば、パレスチナでのユダヤ人とアラブ人との対立を本当に解決することはできないし、むしろ紛争は深刻化する危険がある。

これに対してアレントが提案するのは、パレスチナの二民族国家をイギリス連邦（コモンウェルス）の構成国として組み込むことである。イギリス帝国はコモンウェルスとその他の植民地とで構成されている。アングロサクソン民族の入植地としてはじまったオーストラリア、ニュージーランド、カナダの諸国は自治領（ドミニオン）としてコモンウェルスの一員である。異民族・異人種の植民地がコモンウェルスとして組み入れられれば、戦後の植民地支配の清算は完成されて、自由国家の連合体が生まれることになる。パレスチナに生まれる二民族国家がその一員として加入することになれば、ユダヤ人もそこで「民族」としての政治的地位を保証されることになるだろう、とアレントは言うのである。

さらにアレントは、中東とくにパレスチナ問題を他のヨーロッパ諸国との連携のもとで、地中海規模の「連合」によって解決することを展望している。中東から北アフリカに植民地を有していたフランス、イタリア、スペインというヨーロッパ諸国の「連合」が形成されれば、イギリスの帝国支配だけでなく、ヨーロッパ諸国が領有していた植民地の公正な清算への道が開かれるとともに、ヨーロッパ「連合」の影響のもとで、パレスチナのユダヤ・アラブ問題も平和的な解決が可能になるだろうとアレントは考えたのである。

しかしながら、アラブ・ユダヤの対立の激化の中でユダヤ人が反英武装闘争をはじめるに及んで、イギリスは第一次世界大戦後、委任統治を任されていたパレスチナを放棄する。アラブ人との内戦状態の中でユダヤ人国家の設立が進められることになったのである。

戦後すぐのものとはいえ、アラブとユダヤの二つの民族の力関係の均衡の上に立った「二民族国家」と、さらにそれを包摂するかたちで連合体を形成して、二民族の対立を抑制するという構想が、「権力」とその相互抑制という「連合」の原理に基づいていることは明らかだろう。

ヤスパース『自由と再統一』

英米仏ソの四大国の占領によってはじまったドイツの再建は、東西両陣営の対立の結果、二つのドイツという分断国家をもたらすことになった。東西冷戦のもとで、ドイツは戦後ヨーロッパの行方をめぐる焦点となったのである。

アレントの師であり政治的対話の相手でもあったカール・ヤスパースは、ドイツの戦争責任を問題にした『戦争の罪を問う』（一九四六年）をはじめとして戦後ドイツの政治問題について発言しており、一九六〇年にはドイツの再統一をめぐる評論『自由と再統一』を発表している。その要旨は以下のとおりである。(3)

1、戦後のドイツは、一八七一年の統一以来のヨーロッパの大国としての地位を失った。西独＝ドイツ連邦共和国は大国の保護と同盟によってはじめて自己を維持することができる小国であり、東ドイツはもはや国家ではなく、ソ連の支配のもとに置かれた一地域にすぎない。こうした状況のもとで、われわれはいかにして東部にいる同胞を奴隷状態から救い出すことができるのか？　ドイツの再統一はその唯一の方法なのか。これが問題である。

2、今日求められている統一は、ヨーロッパの「連合」による統一であり、ヨーロッパとアメリカとの「連合」による統一である。こうした大規模での「連合」は、自由な国家の存立にとって不可欠であり、ドイツが再統一されて単一の国家となるか、それとも分裂して複数の国家となるかは、われわれドイツ人の共通の運命にとってそれほど重大なことではない。

3、今日のドイツの分裂という状況は、半ばわれわれドイツ国民自身が招いた結果である。いかなる国民もその自由への権利、自己決定の権利を失うことはないが、領土に関する権利は自らの行いの結果として失うことはありうる。

したがって、かつての国民国家ドイツの領土の回復と再統一への要求は、西ドイツの対外政策の基本的前提とはなりえない。再統一なしでも――東ドイツの同胞も含めて――ドイツ国民が再び自由を獲得できるならば、唯一重要な課題は達成されたことになる。

4、それでは、東ドイツの同胞の自由のためにわれわれが支払うべき代償、支払う用意のある代償は何か。先に述べた再統一の断念、東ドイツの軍備の放棄と（オーストリアと同様のかたちでの）中立の保障、これは比較的許容できる代償である。大きな抵抗を呼ぶのはポーランドとの国境としてオーデル＝ナイセ線を承認することだろう。東プロイセンとシュレジエンは忘れることのできないドイツの精神的世界の基盤である。ケーニヒスベルクは哲学者カントゆかりの都市である。だが現実的な可能性を考慮するならば、これらの犠牲を回避する方法は見いだせない。

もしわれわれがオーデル＝ナイセ線を承認しなければ、「ポーランドとの友好」は空疎な言辞にとどまる。暴力に訴えなければポーランドがこの地域を返還することはないだろう。彼らは苦難の歴史の末に、ロシアからこの地域を与えられた。そこに入植したポーランド人は新しい故郷を獲得したのである。ロシアがこの地域をポーランドに併合させたのは、ポーランドから奪った東部の領土の代償であるからだけでなく、ポーランドとドイツとのあいだに永遠の敵対関係を築き上げるためである。オーデル＝ナイセ線を連邦共和国と、そして将来生まれるべき中立の東ドイツ国家が承認してはじめて、ポーランドとの善隣関係は確立できる。

5、今日の状況では、西側のこれ以上の権力拡大も、東側のそれも、いずれも双方にとって受けいれることができない。

ドイツの再統一はロシアにとってもポーランドにとっても受けいれがたい。東ドイツの中立化は、ドイツにとっても西側全体にとっても大きな断念をともなうものであるが、状況が変われば東側も受けいれる可能性はある。

しかしながら、西ドイツが軍備を放棄して中立国となることはできない。スイス、オーストリア、そして中立化した東ドイツの存続のために協力しないことは、西側に対する裏切りとなる。西洋世界の維持のために西側はその権力を維持しなければならない。

6、もとより東ドイツやハンガリーなど東欧諸国の自由のためにわれわれが軍事力を用いることはできない。それは陰鬱《いんうつ》でつらい断念だが、軍事力を行使すれば、その結果もたらされるのは再度の世界戦争だろう。

ただし、この断念が意味をもつのは、われわれが西洋世界の自由、とりわけ西ベルリンの自由を守るという断固とした意志を示すときに限られる。「ベルリンのために世界戦争の危険を冒すことはできない」からとベルリンを放棄すれば、西洋世界全体が失われる。「ベルリンを守る」という約束をわれわれが放棄すれば、西洋世界への信頼が失われる。そうなれば、西側はロシアの支配に次第に侵食されていくことになるだろう。

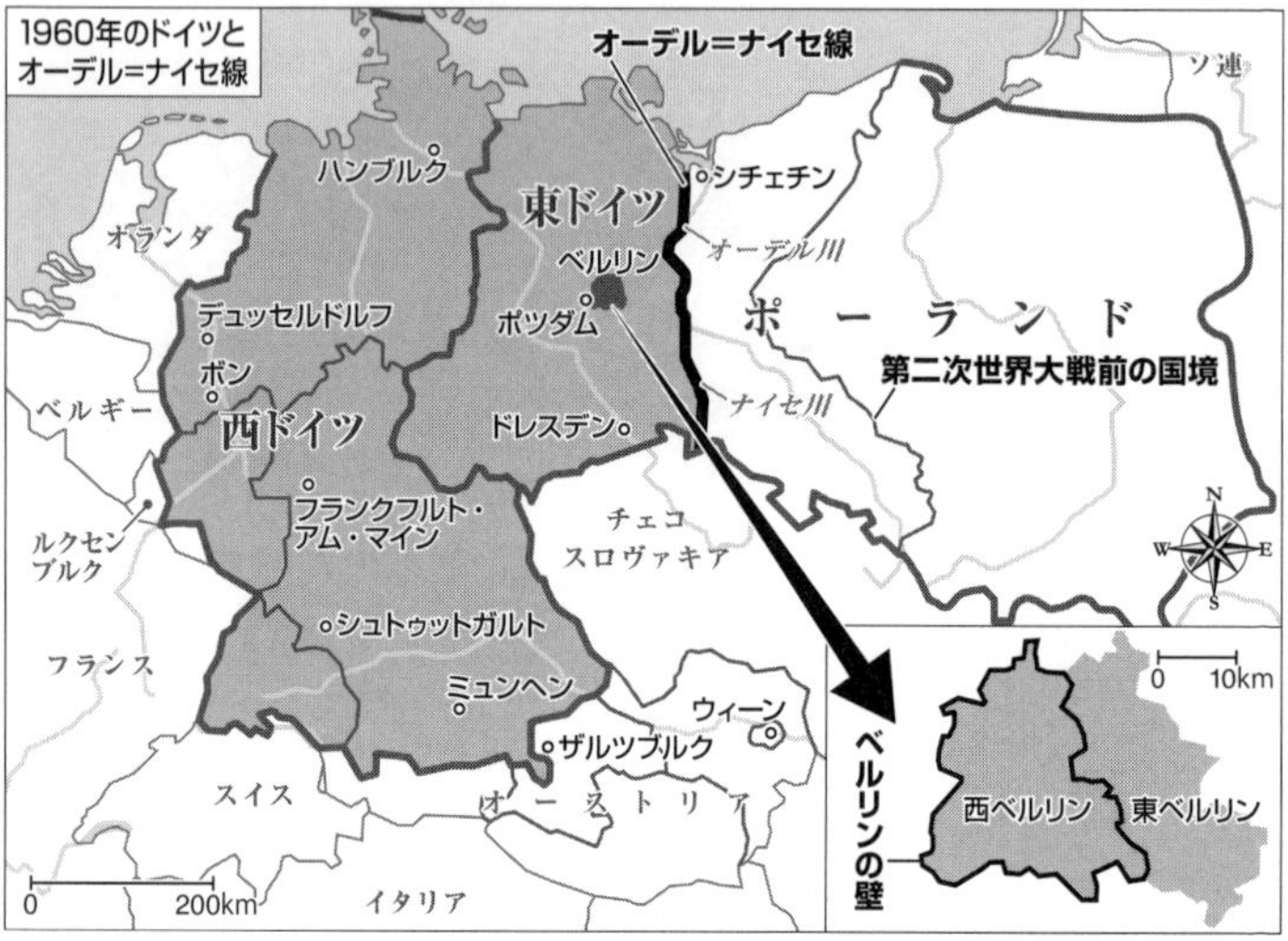

オーデル＝ナイセ線の承認

ヤスパースがここで「再統一の断念」とともにドイツ国民が自由と引き換えに甘受すべき犠牲として挙げている「オーデル＝ナイセ線」というのは、第二次世界大戦後に定められたドイツとポーランドの国境である。ソ連はポーランドとの国境をいわゆる「カーゾン線」に定めた。これは第一次世界大戦後にイギリス外相カーゾンが提案した国境線で、歴史的には十八世紀末にポーランドがプロイセン、オーストリア、ロシアによって分割されて国として消滅したときのプロイセンとロシアの境界を踏襲したものだったといわれている。これによってソビエト・ロシアは――ロシアから見れば一時期失っていた――ヴィリニュスを中心とするリトアニアおよびベラルーシの一部とリヴィウを中心とするウクライナ西部を取り戻した。その見返りとして、ポーランドにはオーデル川とその支流ナイセ川の東側の領土が与えられることになったのである。

ポーランドとドイツの境界については、近代以前の歴史的起源にまで遡る争いが両者のあいだにある。ドイツにとってオーデル＝ナイセ線はビスマルクのドイツ統一以来の領土の一部の喪失を意味しており、簡単に受けいれられる線引きではなかった。西ドイツの政府は一九七二年に東ドイツと基本条約を締結するまでは、東ドイツを国家として承認しておらず、東西ドイツの統一を国是としていた関係もあって、これを正面から認めることはできないでいた――西ドイツ政府が正式にオーデル＝ナイセ線を承認するのは、一九七〇年に締結したポーランドとの国交正常化条約（ワルシャワ条約）を連邦議会が批准した一九七二年五月十七日である。(4)

そうした意味において、「オーデル＝ナイセ線の承認」はドイツ国民にとってなかなか認めがたい要求であった。しかしながら、「暴力」にでも訴えなければポーランドがこれらの領土を自ら返還することはまず考えられない現状において、ドイツが東部国境の返還を要求として掲げ続けることは、究極的にはそうした手段に訴えることも辞さないという立場を示すことを意味する。そのような領土回復の主張を掲げておきながら、ポーランドとのあいだに友好関係を確立することは不可能となる。ポーランドとドイツに永遠の対立関係を生みだすことこそ、ソ連がドイツ東部の領土をポーランドに割譲させた狙いであった。「オーデル＝ナイセ線」を承認することによってポーランドとの善隣関係、友好関係を樹立することは――ソ連が必ずしも望んでいない――東欧諸国と西ドイツとの関係を改善し、東西の緊張緩和に大きく寄与することになる。やがてはその先に、東ドイ

ツをはじめとする東欧諸国の自由化への道も開かれるだろうとヤスパースは言うのである。(5)

アレントの応答

ナチスと戦争責任の問題をはじめとする戦後ドイツの一連の政治問題についてのヤスパースの評論にアレントは手紙でコメントを残しているが、(6)ドイツ再統一をめぐる評論に対しては、次のように述べている。

すばらしい！　見るからに挑発的な定式化も見事です。再統一ではなく自由こそが重要だと言い切ってはじめて、何が問題か、つまり原則的な選択肢は何かが理解できるようになります。もちろん人は、自由は（これを自己決定と理解すれば）再統一をもたらすという議論で、問題を再び曖昧にすることはできます。そうした議論はすでに優勢になってきているでしょう。これに対しては、諸民族がもっている権利としての自己決定権は国家形態と内政上の事柄に関わるのであって、いわゆる民族自決のような外政上の帰結を必然的にもたらすものではない、と言わなければなりません。いずれにせよ、それはこれまでドイツのナショナリズムに加えられた衝撃の中でも最大のものでしょう。これで誰がどちらの陣営に属するのかはっきりして、いわゆる右翼も左翼も同じ陣営にいるということが誰の目にも明らかになるでしょう。

貴方〔ヤスパース〕は中立化の問題についても〔東ドイツの中立というかたちで〕明確な提案

をなさっています。もちろんそれは、ロシアがその気になったときの話ですし――ロシアがそうしないのは明らかです（衛星諸国との関係上からしてそれはありえません）。それが実現するとすれば、西ドイツを中立化するという条件のもとででしょう。私としてはこれは一つの解決だと思います。というのも私は長期的に見てNATOをあまり重視していませんし、中立化がヨーロッパの統合の障害になるとは考えないからです。

事態がその後どうなったか、大いに興味があります。支持する意見はあったのでしょうか。もちろん人々は抗議して大騒ぎになったことでしょう。もう誰も本気で再統一ができるなどと信じていないからこそ、そうした抗議の声が挙がるのですが。(7)

ここに見られるように、アレントとヤスパースのあいだには、「中立化」をめぐって微妙な意見の相違がある。ヤスパースにとって、オーストリアと同様のかたちで東ドイツを中立化することは、ソビエト・ロシアに対してなしうる譲歩であり、再統一の断念という意味では、先の戦争によってドイツが行った破壊に対する代償であった。ただし、それはあくまでも「自由」の実現――西ドイツをはじめとする西側諸国民の自由、そして将来的には東ドイツ国民をはじめとする東側諸国民の解放――のための譲歩である。したがって西ドイツは中立化したり軍備を放棄するのではなく、アメリカをはじめとする西側陣営と手を結ばなければならないし、そうせざるをえないというのがヤスパースの立場であった。

これに対してアレントは、東欧の衛星国に対する支配を固めようとしているソ連が東ドイツの中立化を承認するとは考えられない。かりにもしそれが実現するとすれば、西ドイツも合わせて中立化するという条件のもとでだろう。西ドイツの中立化をヤスパースは拒否して、再軍備とNATOへの参加を前提としているが、自分は必ずしもそうは思わないと言うのである。

西側陣営とその軍事力についての両者の見方の相違には、おそらく、大西洋の向こうにいるアレントと、「鉄のカーテン」を目の前にしているヤスパースとの切迫感の違いが反映しているのだろう。いずれにせよ、「再統一」よりも「自由」を優先し、「オーデル＝ナイセ線を承認する」という点において、二人の立場は完全に一致しているのである。(8)

「ベルリンの壁」の建設

東西ドイツの分断という現状が固定化されていく中で、残されたのはベルリン問題であった。西ベルリンを通じた東側ドイツ市民の流出という事態を受けて、フルシチョフは一九五八年十一月二十七日、ベルリンの四ヵ国占領状態を終結させるために西ベルリンを非軍事化した「自由都市」にすると通告する。アデナウアーはベルリン問題をドイツ問題と切り離して処理することに反対し、西側陣営も西ベルリンへのアクセス権を放棄することを拒否したため、一九六一年八月十三日、「ベルリンの壁」の建設が開始される――ヤスパースの『自由と再統一』はこの「第二次ベルリン危機」の過程で書かれている。アレントは同年十一月一日付のヤスパース宛書簡で、こう書いている。

ベルリンを国連本部にするというのは、おそらく問題にならないでしょう。ベルリン市民を一斉に避難させて、新ベルリンをハノーファーとフランクフルトの中間あたりに建設するというのでもない限り。この問題をどうやって解決したらいいか、私には見当がつきません。ベルリンを維持できるとは思えません。そしてベルリンの人たちが市を縦断する壁が建設されていくのを黙って見ている——消防に通報して放水で壁の建設を妨害するくらいのことさえしない——という単純な事実は、彼らにもそれが分かっているのを示しているように私には思えます。(9)

「壁」の建設によって市民の流出を抑えて、東ドイツの体制を何とか維持しようとするフルシチョフに対して、ベルリン市民や西ドイツ政府はおろか、西側諸国もこれを傍観している。それならばいっそのこと、ベルリン市民を集団的に移住させてはどうかと言うアレントに対して、ヤスパースは、十一月六日付の書簡で、「ドイツ民族の独特なタイプとしてのベルリン人が消滅することには猛烈な抵抗を感ずる」し、西側世界が弱腰を示せば、いずれは西側の政治的・道徳的破局になるだろう、と『自由と再統一』で述べた立場をあらためて強調している。(10)

さらにヤスパースは十二月二十六日の書簡で、自分がアデナウアーを支持したのは、ソビエト・ロシアの出した再統一の提案に幻想を抱かず、社会民主党のようなナショナリズムに傾くことなく無条件に西側に与した最初の一〇年間だけだと弁明した上で[11]、こう述べている。

ベルリンについても私はますます悲観的になっています。西ベルリン市民の自由を救い出すべきだと私は信じてきましたし、それは可能だと今でも考えていますが、利害がバラバラな西側はそれができない。ドイツ人自身もそれを妨げています。社会民主党（シューマッハー）が新たなナショナリズムを掲げていて、アデナウアーもそうすべきでないと分かっていながら選挙目当てにこれを受け容れたために、理性的な思考力もすべて損なわれてしまっているからです。必要なのは、ドイツについてのあらゆる幻想の放棄です。西ベルリンがいまもっている政治的自由は制限されて、（RIAS〔アメリカ占領地区放送局〕その他の）ベルリン発のすべてのプロパガンダとスパイ活動は断念する。〔そのかわりに〕一つの都市区域の中でこれまでになかったような経済発展と精神生活を開花させる。対外政治の上では、この自由を守る意志のある西側連合国に完全に依存して、独自の外交は行わない。そうした試みは一切禁止する。ただし新聞は自由で検閲はしない。独自の軍はもたず、したがって兵役義務もない――地球上で唯一、軍服を着る義務がなく、劇場の舞台以外では着ることが許されない人々となる。そこでは軍隊式の闘争精神は消滅する。人口の流入は制限する（今のモナコのように。ただしこちらは税金逃れのための移住、ベルリンは自国での兵役を逃れるための移住）。平和な生活の模範として、世界にその輝かしいモデルを示す絶好の機会となるでしょう。しかしながら他方では、あらゆる種類の腐敗と、ますます洗練された享楽生活のおかげで、品性下劣な泥沼へとはまりこむという恐ろしい危険も存在しています。自由で、精神のみに従う自由な生活が、ドイツ語圏で育つ人々の精神を惹きつける力をもつかどうか、一つのチャンスを与えてくれているにすぎません。〔中略〕もしこれらのことすべてがナンセンスなら、西ベルリンの市民すべてにとって最良の策は、持ち物一切合財とともに自由に出て行ける保証を得ることでしょう、二年以内という期限付きで、強制はせず、一人一人の自由な選択に基づいて退去する――もしも連邦共和国内や他国への移住が自由に認められるならばの話ですが。[12]

本当に重要なのはベルリン市民の自由が維持できるかどうかである。現状でそれを実現するためには、西側連合国の支援に頼るしかない。ベルリン市民は報道や思想・表現の自由などを西側の保護のもとで享受する代償として、独自の外交をはじめとする政治的な自由を断念する。なるほどそこで市民たちは平和な生活を送ることができるかもしれないが、他方で政治的な自立を断念すれば、享楽と頽廃《たいはい》の淵に沈んでいくという危険もそこには存在する。しかしながら、政治的自立の断念とそれにともなうリスクを呑んだとしても、まずはベルリン市民の自由を保護しなければならないし、西側連合国の保障なくしては、そうした消極的な自由でさえ失われるという現実を直視しなければならない、とヤスパースは言うのである。

後に第7章で触れるように、アレントは、思想・表現の自由をはじめとする「市民的自由」と、政治的な活動のための「公的な自由」とを区別し、とりわけ後者を重視している。軍事や兵役からの解放は「闘争精神」の喪失をもたらすというヤスパースの見方を支持するかどうかはともあれ、政治的な自由を喪失することは、人間精神に決定的な欠落をもたらすという点にはアレントも同意するだろう。そうした危険を十分に意識しないままに現状を追認していれば、いずれは自由そのものが失われていくだろうという危機感をアレントも共有していたのである。

キューバ危機

壁の建設による東西ドイツの分断の固定化の後も、東西両陣営の緊張は収まらなかった。一九六二年のソ連によるキューバへの核ミサイル配備は、全面核戦争の危険を現実のものとして世界に突きつけることになった。

ケネディは十月二十二日月曜深夜のテレビ放送で、キューバに攻撃用ミサイル基地の建設が進行中であることが確認された、これは一九四七年に合衆国と南米諸国とのあいだで締結された米州共同防衛条約（リオ条約）ならびに国連憲章に反する明白な脅威であるとして、キューバ向け船舶の「海上隔離措置」を実施し、キューバから他国へ向けたミサイル発射は米国への攻撃と見なすことを宣言する。十月二十四日から海上封鎖が開始され、ソ連の貨物船はアメリカの臨検を回避するためにUターンした。二十五日の国連安全保障理事会での両国の対決の背後で、ケネディ、フルシチョフのあいだで書簡が内密に交わされて、十月二十八日にフルシチョフはミサイル撤去の決定を発表する。アメリカがキューバに侵攻しないという約束と、さらにトルコに配備されていたアメリカのミサイルを撤去するという密約がその条件であった。

ケネディのテレビ放送の直後の十月二十五日にヤスパースは次のように書いている。

> 君たちは今の情勢をどう思いますか？〔十月二十三日の〕火曜日以来、すべてが一変してしまった。まるで〔カエサルによる〕ルビコンの渡河です。ロシアの進出は、どこかで食い止めなければならなかった。手をこまねいて待つのは、今行動を起こすよりももっと危険だと、ケネディは単純かつ正当なことを述べたように私には思えます。彼の背後には明らかにアメリカ国民の支持があるし、機は熟しているように見える。南アメリカの諸国も同意している。不安はもちろんありますが、今の政治的雰囲気には満足しています。今回の件についてケネディにはこれまでのところ不手際なところはまったく無かった。むしろ並々ならぬ政治的な巧みさを示したし、真剣に問題に対処している。こうしたことができるのはアングロサクソン人なのですね。
>
> ヨーロッパの反応には怒りを覚えます。人々はこれを冗談の種にして、したり顔で些細なことをあげつらう。これが全体に関わる問題であり、誰もが一緒に考えるべき問題だと感じるだけの真剣さがないのです。[13]

アレントは、十月二十九日付の書簡で、一連の経緯におけるケネディの態度についてのヤスパースの評価におおむね同意した上で、あらためてベルリン問題に立ち戻って、次のように述べている。

ところでキューバ事件は、ベルリンの壁の建設当時に私が述べたことをほとんど証明してくれているように見えます。あのときベルリンの市民たちは消防隊を呼んで、こっそりすべてを水浸しにしてしまえばよかった。それでベルリンの問題が解決するわけではないにしても、〔抗議の声をあげるという〕このことは非常に重要なことでした。ドイツ人がおとなしく従っている様をみると、腹立たしくなります。よりによって最後のスターリニスト、〔東ドイツの国家元首ヴァルター・〕ウルブリヒトの言いなりになっているのです。彼が今の地位にあるのは、ロシア人がドイツ人を罰するためにすぎないというのに。政治は子供のしつけとは違う。服従することは支持することと同じだということを、ドイツ人はまったく理解できないのですね。(14)

防水ホースを使うかどうかは別として、それまでほとんど自由に行き来していた通路（通勤を含めて一日五〇万人近くが往来していたという）を遮断して、総延長一五五キロに及ぶ境界を遮断する壁の建設を阻止するための運動を起こすことは可能だったはずである。もちろんそのためには西ベルリン市当局だけでなく、西ドイツの連邦政府や西側諸国との連携、支援が必要だろう。その意味において、「ベルリン問題」は、「キューバ危機」とともに、東西両陣営の「権力」を測定する「力試し」であった。ケネディの断固とした態度によってキューバ危機がひとまず収束したという結果から見れば、国際的な連携のもとにベルリン市民が「壁の建設」に抵抗することもまったく不可能ではなかったはずだ、とアレントは言うのである。

ヤスパースは「壁」をめぐるアレントの評価に直接応答していないが、十一月二日の書簡で、キューバとベルリンの違いに触れながら、こう述べている。

キューバとベルリンは重要な点でまったく違っていると思います。〔アメリカが〕キューバに侵攻した場合に、ロシアは通常兵器ではこれに対抗できません。ロシアがベルリンを侵攻した場合にアメリカが通常兵器では対処できないのも同様です。ロシアがアメリカからキューバを守りたければ、核戦争しかありません。アメリカがベルリンを守りたければ、やはり核戦争しかありません。

しかしキューバは、孤立しているけれども、アメリカにとっては軍事的にきわめて危険な前《ぜん》哨《しょう》基地です。〔これに対して〕ベルリンは軍事的には何ら意味ある前哨ではありません。核戦争になるのは、ロシアが幅広いヨーロッパの前線で攻撃を仕掛けてきたときだけだ、というアメリカの立場が現実的になればなるほど、ベルリンは大きな危険にさらされ続けることになるでしょう(15)。

ベルリンもキューバもソ連とアメリカにとってはいわば喉元に刺さった小骨のような存在である。厄介だが、除去しようとすれば、相手は最後の手段として核戦争に訴える危険がある。ただし、軍事的な観点からすればキューバとベルリンはまったく意味が異なる。アメリカにとってキューバは危険な軍事的拠点となりうる。そうであるからこそ、アメリカは慎重にではあれ、これに断固として対処せざるをえなかった。これに対して、西ベルリンの存在それ自体はソ連にとって必ずしも軍事的な脅威ではない。したがって、ソ連にとってベルリンを主要な標的にして侵攻する必要性はないし、アメリカも、ソ連が東西ヨーロッパの前線そのものの変更を目論んで攻撃を仕掛けることがないかぎり、核兵器を使用することはないだろう、とヤスパースは言うのである。

ただし、このことは裏を返せば、ソ連はいつでもベルリンを占領することができるし、アメリカをはじめとする西側陣営がこれに軍事的に抵抗することは不可能だということでもある。東西の冷戦体制が続くかぎり、ベルリンは、絶えず東からの脅威にさらされ続けなければならないのである。

壁の建設からすでに一年と一〇ヵ月が過ぎた一九六三年六月二十六日、ケネディは西ベルリンを訪問して、「私は一人のベルリン市民であることを誇りに思う」という有名な演説をした。それは壁の建設をひとまずは追認した上で、「それでもなおわれわれはあなた方西ベルリン市民を見捨てない」という呼びかけであった。

一九五三年のスターリンの死後、五六年のフルシチョフの「スターリン批判」による「雪解け」の期待にもかかわらず、ソビエト・ロシアによる東欧支配は揺るがなかった。ポーランドやハンガリーでの自由を求める市民の運動は鎮圧されて、ソ連はあらためて東欧ブロックの引き締めを図っていた。そうした状況のもとで、西洋世界の自由を擁護し、また東ドイツの人々の自由を展望するためには、ドイツの再統一という前提を取り払わなければならない。戦後のドイツが国民国家としての再建を目標として掲げ、国民がそれを支持すれば、周辺のヨーロッパ諸国に疑念を生みだすだろう。戦後に再編されたポーランドとの国境は、両国のあいだに対立をもたらして、東西の分断を固定化するためにソ連が意図的に仕掛けた地雷である。そうした状況の中で、ドイツが再統一の旗を掲げ続けるならば、国民の願望や政府の意向がどうあれ、それはナショナリズムの対立する世界を再び生みだすだろう。われわれは、国民間の緊張をもたらすようなナショナリズムから脱却して、戦争の危険をはらんだ主権国家のシステムからの転換の道を探らなければならない。諸国民の自由を前提としたヨーロッパの「連合」の中で、東西ドイツ国民の自由も実現するだろうというのがアレントとヤスパースに共通する立場であった。

もとよりヤスパースが強調していたように、東西両陣営の軍事力——すでに現実のものとなった核戦争の脅威——を考慮に入れることは必要である。だが、そうした現実の状況を踏まえた上でなお、諸国民や地域のそれぞれのレベルでの「権力」の形成とその「連合」、相互抑制による統合は可能なはずだとアレントは考えたのである。ドイツの再統一にどのような態度をとるかは、その試金石となるべき問題であった。

注

(1)アレントのイスラエルに対する態度については牧野雅彦「イスラエルのハンナ・アレント」(上下)『思想』二〇一四年三月号、五月号。

(2)同右(下)を参照。

(3)ヤスパース『自由と再統一』(Karl Jaspers, *Freiheit und Wiedervereinigung. Über Aufgaben deutschen Politik*, Piper, München, 1960)。

(4)一九九〇年ドイツ再統一の際に、あらためて統一ドイツとポーランドの国境条約が締結されて、以後領土変更はしないことが最終的に確認された。

(5)ヤスパース『自由と再統一』。L・ケーラー他編『アーレント=ヤスパース往復書簡 1926―1969 2』大島かおり訳、みすず書房、二〇〇四年。

(6)アレントは、ドイツの戦争責任を徹底的に追及するヤスパースの精神の高貴さ、潔さを認めながらも、キリスト教的な説教じみた物言いには違和感を覚えている。一九四六年八月十七日付のヤスパース宛書簡ではこう述べている。

私が長いあいだ手紙を差し上げなかったのは、〔ヤスパースの著書〕『戦争の罪について(*Schuldfrage*)』〔一九四六年〕について考えをめぐらせて、さらに夫〔ハインリヒ・ブルッヒャー〕とも徹底的に議論していたからです。〔中略〕もちろん「私たち」は本質的なすべての点において貴方に賛成ですし、論点を明確にしてくださっただけでなく、遠くからではなかなか理解できない心理的な状況がもっている意味についても説明してくださったことに、大変感謝しております。しかしながら、賛成と申しあげましたが、少しばかりの限定と補足をしなければなりません。とりわけ夫は、責任をとるということは敗戦とその結果を受けいれるだけにとどまらない、それ以上のものでなければならないと主張しています。〔ドイツが〕（国としてではなく）民族として存続していくためには責任をとることが必須の条件なのであって、それは犠牲者に対する明確な政治的意思表明と結びついていなければならない、と夫は以前から主張しておりました。もちろんこれは、もう償いようのないことを償えという意味ではありません。そうではなく、たとえば「難民」（displaced person）に対してこう言うことです。あなた方がここを出てパレスチナに行きたいと望んでいることは、よく理解できる。しかしそのこととは別に、ぜひとも知っておいてほしいことは、あなた方がここドイツですべての権利を持っていること、われわれの全面的な協力を当てにできることだ。そしてわれわれは、ドイツ人がユダヤ民族に対してなしたことを忘れないように、反ユダヤ主義を一切放棄することを将来のドイツ共和国の憲法に明記しよう。たとえば、ユダヤ人はどこの生まれかを問わず誰でも、望むときはいつでも、ユダヤ人であるという理由のみに基づき、かつユダヤ人であることをやめずに、この共和国の市民となって平等な権利を享受することができると定めることにしよう、と。（L・ケーラー他編『アーレント＝ヤスパース往復書簡　1926―1969　1』大島かおり訳、みすず書房、二〇〇四年、六〇―六一頁）。

アレントにとって、ユダヤ人に対するドイツ国民の政治的責任は、まず「反ユダヤ主義」から決別して、ユダヤ人をユダヤ人として政治的共同体に迎え入れることだった。なお、この問題をめぐるヤスパースとの通信が、イギリス連邦に包摂されたユダヤ＝アラブ二民族国家構想の挫折をもたらした、パレスチナでのユダヤ人による英委任統治府爆破テロのすぐ後になされていることは背景として考慮すべきだろう。

（7）一九六〇年八月二十二日付ヤスパース宛書簡、前掲『アーレント＝ヤスパース往復書簡　1926－1969　2』一九六－一九七頁。

（8）一九五〇年代初頭、ソ連の側から中立化を条件とする「ドイツ再統一」が提案された（一九五二年のいわゆる「スターリン・ノート」）。西ドイツ首相アデナウアーと西側首脳はこの提案を拒否して、西ドイツの再軍備とNATO加盟を進めたのである。スターリンの「中立化」提案が西ドイツの再軍備を遅延・妨害するためのたんなる術策だったのか、真剣なものだったのかについては、今なお意見の分かれるところだが、そのような「中立化」と「再統一」との連結を否定しているところにヤスパースとアレントの立場の特徴がある。ちなみにユダヤ系のイギリスの現代史家トニー・ジャットによれば「一九五〇年代初期の世論調査では、成人の三分の一以上がいかなる状況であれドイツの統一と中立を支持しており、ほぼ五〇パーセントの人々が、有事には連邦共和国が中立宣言することを望んでいた」という（トニー・ジャット『ヨーロッパ戦後史　上　1945－1971』森本醇訳、みすず書房、二〇〇八年、三四八頁）。

（9）前掲『アーレント＝ヤスパース往復書簡　1926－1969　2』二六六頁。

（10）同右、二六九頁。

（11）同右、二七三頁。

（12）同右、二七四－二七五頁。

（13）L・ケーラー他編『アーレント＝ヤスパース往復書簡　1926－1969　3』大島かおり訳、みすず書房、二〇〇四年、二〇—二一頁。
(14) 同右、二四頁。
(15) 同右、二六頁。

第4章　抵抗のための条件――黒人問題と暴力

人々の協力によって形成された「権力」が本当の意味で試されるのは、体制による不当な弾圧に対する抵抗の場合である。アメリカ合衆国における黒人問題を事例に、アレントはこの問題を論じている。

アメリカ合衆国と黒人問題

すでに述べたように、「権力」とその相互抑制による「連合」の原則に基づいて建国されたのがアメリカ合衆国であった。しかしながら、その建国に黒人は排除されていた。「すべての人間は平等に創られ、その創造主によって、生存、自由および幸福追求を含む一定の譲り渡すことのできない権利を与えられている」という独立宣言を起草したトマス・ジェファソンをはじめとする建国の父たちも、奴隷であった黒人を白人と同等の市民として受けいれる気はなかった。奴隷制度に反対して、黒人奴隷の解放を主張していた人々も、黒人は国外に追放するか、海外へ植民させることを考えていた。解放奴隷によって一八四七年に西アフリカに建国されたリベリア共和国はそうした構想の実現であった——その憲法はアメリカ合衆国をモデルにしたといわれている。アレントは、合衆国市民からの黒人の排除をアメリカの「原罪」と呼んでいる。

したがって、黒人を同等の市民として受けいれるかどうかは、アメリカが真に「自由な市民の共和国」となるための試金石であった。この課題に、正面から取り組んで大きな成果を挙げたのが公民権運動である。アレントにとってこれは、市民の連帯と共同による「権力」形成の典型的事例であった。

「市民的不服従」としての公民権運動

黒人奴隷の扱いをめぐる南部の諸州と北部の諸州との対立を背景として起こった南北戦争の過程で、リンカーンは奴隷解放を宣言して、奴隷制の廃止と解放された黒人の市民としての包摂を目指す。一八六五年の憲法修正第一三条の奴隷制の禁止によって四〇〇万人の黒人が奴隷の身分から解放され、戦争終結後に制定された憲法修正第一四条、第一五条によって、黒人・有色人種に対する市民権、参政権が認められることになった。

しかしながら、こうした一連の憲法修正にもかかわらず、南部の諸州では黒人に対する差別が存続していた。南北戦争後に本格的に進められる鉄道建設と都市への人口移動にともない、鉄道などの公共交通機関では黒人・有色人種と白人とのあいだで車両や区画での隔離が進められる。一八九六年連邦最高裁のプレッシー対ファーガソン判決は「分離すれども平等」というかたちで、人種隔離にお墨付きを与えるものだった。さらに南部諸州は憲法修正第一五条に対する抜け道として「投票税」や読み書き能力の試験などによって黒人から投票権を事実上排除していた(1)。

一九五五年アラバマ州モンゴメリーで黒人女性ローザ・パークスが帰宅途中に乗車したバスで白人男性に席を譲らなかったことを理由に逮捕されたのをきっかけに、黒人たちによるバス・ボイコット運動がはじまる。大規模なボイコットは一九五六年十一月の連邦最高裁判決による人種分離を定めた市条例の違憲判決に結実した。一九六〇年代に入ると、黒人と白人の運動家が集団で南部行きの長距離バスに乗り込む「フリーダム・ライド」をはじめとする一連の運動が展開されることになる(2)。

アレントはこれらの運動を「市民的不服従」の典型と見ている。人種隔離された公共交通機関のボイコット、公共施設に座り込む「シット・イン」などの行為は、それ自体をとってみれば既存の法律や条令に対するたんなる違法行為にすぎない。だが、普通の違法行為や犯罪が、人の目を逃れて隠れて行われるのとは正反対に、彼らの運動は公衆の面前で行われる。それは既存の法や政策に抗議して、変更を促す政治的な行為なのである。

他者との連携に基づいて行われる政治的行為であるという点で、これらの運動は著書『市民的不服従』で有名なヘンリー・ソローや、いわゆる「良心的兵役拒否者」の行為とは異なっている。ソローは政府が奴隷制度を支持し、メキシコとの戦争を進めていることに抗議の意を表すために、人頭税の支払いを拒否して投獄されたが、これは自己の良心に基づいていた。良心に従って行われる抵抗は、その志がどんなに純粋であっても、究極的には内心の満足を目的としている。「正義は為されよ、たとえ世界が滅ぶとも」というその信念は、たしかに崇高ではあるかもしれないが、この世界をより良きものに変えていく意志を欠いている点で、政治的な行為とは言いがたい。これに対して、志を同じくする人々と連携して、既存の法や政策の変更を実現するためになされる「市民的不服従」の運動は、まさに人々の協力によって自由な市民の共和国を作りだすという、アメリカ合衆国の建国理念に沿った行為だとアレントは言うのである。

人種偏見と「暴力」

マーティン・ルーサー・キング牧師を指導者とする公民権運動は、白人保守層の――ときには地元警察当局の支持のもとでなされる――熾烈《しれつ》な「暴力」に直面しながらも、非暴力による抵抗という姿勢を貫きながら、大きな前進を勝ちとってきた。これは、市民の連帯が生みだした「権力」の成果であった。

しかしながら、運動の焦点が南部から北部の大都市に移行していくにつれて、彼らの運動は大きな壁に突き当たることになる。暴力的な紛争が深刻化していく中で、黒人運動の側からも「暴力には暴力をもって対抗するしかない」という急進的な潮流が現れてくる。その背景には、ゲットーに押し込められた貧困な黒人と、黒人運動によって住居や教育環境が脅かされる白人の低所得者層の利益の対立があった。

利益やイデオロギーと違って、偏見ならば権力の圧力によって抑えることができるだろう――この点で公民権運動が大いに成功を収めてきたのは周知の通りである。この運動はまったく非暴力的な性格のものであった。〔中略〕しかしながら、ボイコット、座り込みやデモは南部の差別的な法律や条令を除去することには成功したが、大都市の中心部の社会的条件に直面したときには完全に失敗して、意図した成果を挙げることはできなかった――そこには極貧にあえぐ黒人のゲットーがあり、他方ではそれを圧倒するような白人低所得者層の住居と教育をめぐる切実な要求があった。これらの活動方式ができたこと、実際に行ったことは、こうした社会的条件を街頭にもちだして誰の目にも明らかにしたことだけだった。それによって両者の利益が和解しがたいことが危険なかたちで露わになったのである。(3)

人種的な「偏見」とそれにともなう差別は、完全に除去することはできないとしても、「権力」によって、つまり複数の人間の協力によって生まれる力で抑制することができる。一九六〇年代半ばまでの公民権運動の成功はこれに基づいていた。しかしながら、北部の大都市における人種対立の背景には、貧困な黒人と、彼らの進出によって既存の利益を脅かされる白人低所得者層との対立が存在する。そこにあるのはたんなる「偏見」ではなく、二つの衝突し合う「利益」である。もちろん黒人と白人低所得者層の両者は共に今の体制のもたらす抑圧と貧困の被害者である。彼らにはそれぞれに守るべき「利益」があり、不幸にしてそれが対立する関係に置かれている。格差や差別をもたらす社会の構造的問題を解決していかないかぎり、両者の利害対立と「暴力」の噴出する危険は残り続ける。貧困や格差が拡大していけば、その危険は増大していくだろう。

「暴力」をともなう紛争の頻発は、裏返して言えば、「政治」によって解決すべき問題がそこに存在することを意味している。既存の制度や社会構造が解決できないような利害の対立が存在するとき、人は「暴力」をもってしても自分の利益を守ろうとする。自分に敵対すると思われる集団、不当な利益を享受していると思われる集団を攻撃する。そこに人種や民族などに関わる偏見が介入すれば、「暴力」への誘惑は増大するだろう。「どうせ奴らは人間以下の存在だから」。そうした「暴力」への誘惑を断ち切って、「共通の問題」の解決のための「政治の場」を立ち上げることができるかどうかが問われている。「暴力」と「権力」とは、一方が現れるときには必ず他方の可能性も存在するという、いわばコインの裏表のような存在である――「権力」と「暴力」がしばしば混同される理由もそこにある。

サルトルとファノンの暴力肯定論

紛争が激化して、「暴力」への誘惑が強まれば、「暴力」を正当化したり讃美したりする議論が現れてくる。過激化する黒人運動に大きな影響を与えたのが、フランツ・ファノンであった。[4] フランスの植民地だった西インド諸島マルティニークに黒人として生まれたファノンは、フランスで医学・精神医学などを学んだ後にアルジェリアに渡り、植民地解放運動で指導的な役割を演じる。ファノンはフランスの実存主義哲学者サルトルから大きな影響を受けているが、サルトルはファノンの著書『地に呪われたる者』（一九六一年）に序文を寄せて、次のように述べている。

ファノンが見事に証明しているとおり、この抑制できない暴力は訳も分からぬ熱情の狂奔ではないし、野蛮の本能の復活でもなく、怨みの結果でさえもない。それは自らを再び人間として作りあげつつある者の姿なのである。われわれはかつて次のような真理を学んだように思うのだが、今ではすっかり忘れてしまっている。すなわち暴力の痕跡は、どんな甘言を弄してもこれを消し去ることはない。暴力だけが暴力の痕跡を消滅させうる、という真理である。(5)

抑圧され、搾取《さくしゅ》された植民地の原住民が行使する暴力は、たんなる情熱の発現や、野蛮な本能の復活ではない。暴力だけが、これまでに受けた暴力の傷跡を拭い去ることができる。暴力の行使は、植民地支配下に置かれて精神的に病んだ民衆の心を癒やす。怒りを爆発させることによって、はじめて彼らは人間としての自己を取り戻すことができる。解放のための戦争は植民地の暗黒を清算し、戦士たちを解放する。たしかにこの戦争は情け容赦もない闘いである。だが、いつまでも恐怖に怯えて暮らすか、恐怖を与える側になるか。道は二つに一つである。こうした闘争の過程では、相手を殺傷することもやむをえない。かくしてサルトルはこう断言する。

反乱の初期においては相手を殺さねばならないが、一人のヨーロッパ人を葬ることは一石二鳥であり、圧迫者と被圧迫者とを同時に抹殺することであるからだ。こうして一人の人間が死に、自由な一人の人間が生まれることになる。(6)

サルトルやファノンが暴力を肯定する理由としてまず第一に挙げるのは、同志的な結束を固める上で暴力行使は有効だという議論だろう。ファノンはこう述べている。

原住民にとって、この暴力は絶対的実践《プラクシス》を示している。したがって活動家とは仕事をする人間のことなのだ。組織が活動家に発する問いは、このような物の見方の特徴を帯びている。「どこで仕事をしていたのだ? だれとだ? 何をやった?」。集団は、一人一人が取り消しのきかぬ行為を実現することを要求する。たとえばアルジェリアにおいては、民衆に民族闘争を訴えた大部分の者たちが、死刑を宣告され、あるいはフランス官憲の追及を受けていた。この場合、信頼度は、一人一人の犯した行為の絶望的性格の度合いに応じていた。新たな活動家が、もはや植民地の体制に戻りえないとき、彼は頼もしい男とされた。〔中略〕仕事をするとは、コロン〔フランス人入植者〕の死をもたらすべく仕事をすることだ。身に引き受けた暴力は、集団を離れてさまよう者、集団から追放された者たちに、復帰し、己れの場所を再び見いだし、再びそこに統合されることを許すのである。(7)

民族解放闘争に参加した者たちの大部分は、死刑を宣告され、官憲から追及を受けている。仲間の信頼は、一人ひとりが実行した犯罪的行為の度合いに応じている。もはや既存の体制下での日常生活に戻れないような行為を犯すことによって、彼らは集団の内に自分の居場所を見いだすのである。

戦場において独特の同志的な結びつきが生まれることはしばしば指摘される。否応なく襲いかかってくる敵に対して共に戦うこと、そこでは一人ひとりの行動が生死に直結する。一人の逡巡《しゅんじゅん》や怯懦《きょうだ》は全員の死につながる。極限的な状況の中で形成される同志的結合には、日常生活における人間関係にはないものがある。ここに、復員した兵士が日常生活に復帰するのを困難にする一つの理由があるが、ファノンが強調するのはそれ以上のものだ。少なくとも通常の戦争において敵を殺すことは罪に問われることはない。だが平常の状態、その他大勢の人々が平和な生活を享受しているときに、支配層とそれにつながる者を殺害することは犯罪行為になる。抵抗組織の活動家は、犯罪行為に手を染めることによって自分を抜き差しならない状態に置く、誰かを殺すことで互いの信頼を確かめ合うのだ、と言うのである。

それはたんなる共犯者意識の形成ではない、というのがファノンやサルトルの言い分である。第二次世界大戦中のレジスタンスの連帯について、サルトルはこう述べている。

孤独の中に追いつめられ、孤独のうちに逮捕され、彼らが拷問に抵抗したのは、身を投げすてることの中で、最も完璧な窮迫の中で、である。〔中略〕この孤独の最も深いところで、彼らが擁護したのは、他者、すべての他者、すべての抵抗の同志だった。たった一言でも、十人や百人の逮捕を引き起こすには十分だった。全き孤独の中で、この全き責任こそ、われわれの自由の開示そのものではないか？　この身を投げすてること、この孤独、この異常な危険は、すべての者にとって、指揮官にとっても兵士にとっても同じものだった。内容を知らない伝達を持って行く人々にとっても、抵抗の全体を決定する人々にとっても、制裁はただ一つ、投獄と、流刑と、死であった。兵士と将軍とにとって、このような危険の平等が見いだされるような軍隊は、この世にない。このゆえにこそ、抵抗は真の民主主義であった。兵士にとっても、指揮官にとっても、同じ危険、同じ責任、規律の中での同じ絶対の自由。かくして、闇と血とのうちに、共和国の中の最も強い共和国が作りあげられた。(8)

拷問に耐えるレジスタンスは、一人ひとり孤独でありながら仲間と連帯している。これこそが本当の自由の発現であり、沈黙のうちに形成される真の共和国である。そこには、同志的結合への憧憬《しょうけい》が響いている——もっとも、サルトル本人がそうした連帯を実際に経験したかどうかは別であるが。

死の前の平等は共同体の基礎にならない

集団による暴力を通じて形成される同志愛を政治的な共同体のモデルとする、このような議論に対して、アレントは総じて批判的である。

いずれにせよ、私の知るかぎり、死の前での平等に基づいて、暴力によって現実のものとなった死に基づいて政治体が設立された例は、いまだかつてない。歴史上、この原理に基づいて実際に組織され、自分たちを「同志」だと称した決死隊はあるが、これを政治的な組織と見なすことには無理がある。なるほど、集団的な暴力が生みだす強力な同志愛の感情が、多くの善良な人々に、暴力の中から「新しい人間」とともに新しい共同体が生まれてくるという希望を抱かせたことは事実だが、こうした希望は幻想である。その理由は、生命や肉体のさし迫った危険によってはじめて現実のものとなるこの種の同志愛ほど、はかない人間関係はないからである。(9)

たしかに、戦争のような危機に直面したときには、死は集団的なかたちで現れる。戦争や大規模な自然災害が人間に、自らが死すべき存在だという反省を迫るのはここに理由がある。しかしながら、人間に限らず、すべての生命体にとって個体の死はそれぞれ別々に訪れる。その意味で、死というものは本質的に非政治的な性格を帯びている。生存の危機を前にした連帯は、参加した者にとってどんなに強烈で、素晴らしいものに思えたとしても、持続的に人々を結びつけることはできない。ましてや政治的な共同体の基礎にすることなど不可能だとアレントは言うのである。

「死への恐怖」とホッブズ

それではホッブズはどうなのか、ホッブズこそ、「万人の万人に対する闘争」を出発点として強力な主権国家の設立を説いた思想家ではなかったか、という疑問が出されるだろう。これに対してアレントはこう答えている。

ホッブズは、暴力による死への恐怖というかたちで死が重大な役割を果たしていることをその著作で示した唯一の政治哲学者である。しかし、ホッブズにとって決定的なのは、死の前の平等ではない。自然状態における人間に団結して国家を作る気にさせるのは、誰もが所有する平等な殺人能力から生ずる恐怖の平等なのである。(10)

ホッブズはその政治哲学の基礎を「死への恐怖」に求めた。古代ギリシアにおいては、政治の舞台で優れた業績を上げること、その名声が永遠に語り継がれることを求めて人々はポリスを設立したが、ホッブズによれば、そのような動機に基づいて堅固な政治体を建設することはできない。政治的共同体の基礎となるのは、仲間のための自己犠牲でも、栄誉や名声でもない。ギリシア人たちが奴隷の気質として嫌悪した「死への恐怖」こそが、人々に強力な主権を設立させる。政治というものは、すべての人間に共通する生命への欲求を基礎として、その要求に平等に応えるための営みでなければならない、という近代的な政治原理の出発点がここに据えられる。

しかしながら、ホッブズの場合に国家設立の原動力となるのは、誰にもいずれは訪れる死に対する一般的な恐怖や、戦争などによって共同体の構成員すべてに襲いかかる死に対する恐怖ではない。ホッブズが対処しようとしたのは、外部の敵というよりは、共同体の内部の構成員の相互不信から生まれる殺人である。人を殺すのに特別の肉体的訓練や道具が要るわけではない。誰しも人は他人を殺す潜在的な可能性をもっている。嘘だと思うなら、誰かに殺意を覚えたことがないか自分の胸に手を当てて考えてみればいい、とホッブズは問いかける――ほんの一瞬でも「いっそのこと、殺してやりたい」「こんな奴、死んでくれればいいのに」と思ったことのない人がいるだろうか。誰もが他人を殺す意欲と能力を備えている。この点で人はみな平等である。だからこそ、互いに殺し合う恐怖から解放されるために強制力を備えた国家＝リヴァイアサンが必要となる。「共通の敵」に対する結束を政治体設立の動機としないという意味で、ホッブズは特異な思想家だったと言うこともできるだろう。

弱者の「暴力」は正義か

サルトルやファノンの暴力肯定論のいま一つの有力な論拠は、弱者の暴力、抑圧され、虐げられた者が支配者に対して行使する暴力は正当だというものである。体制の側はむき出しの暴力を用いなくても、被支配者を日常的に抑圧し、搾取している。アレントのように「暴力」を強制手段の行使に限定することは、そうした構造的な暴力を見逃すばかりか、結果的に体制の不正を容認することになる。弱者が暴力に訴えるのは、それ以外の手段をもたないからであって、そこにはそれなりの理由がある、と言うのである。サルトルはこうした議論を正面から展開している。

彼らの肉体の内部に引き起こすことのできるのは、加えられた圧迫の力に匹敵する爆発的な激昂だけであろう。彼らは暴力しか知らないと君たちは言った。当たり前だ、はじめはコロンの暴力のみしか、やがて次には自分の暴力のみしか彼らには分からない。それは同じ暴力にほかならず、ちょうどわれわれの姿が鏡の奥から跳ね返ってくるように、われわれの暴力が自分自身の上に奔流となって返ってくるのである。これを取り違えてはいけない。この気違いじみた怨み、この激怒、この憎悪、われわれヨーロッパ人の絶滅を願うこの不断の欲望、たえず緊張していて、弛緩を恐れている力強い筋肉、これらによって原住民は人間となるのだ。彼らに重労働を課そうとするコロンのおかげで、しかしそのコロンに反抗して、彼らは人間となるのだ。憎悪はまだ盲目的で抽象的だが、その憎悪こそ彼らの唯一の宝である。〈主人〉は彼らを動物にしようとするがゆえにこの憎悪を誘発し、自分の利害によって企てを中途で停止するがゆえに憎悪を打ちくだくのに失敗する。こうしてニセの原住民は再び人間となる。圧制者の力と無力さとが、彼らの心の中で家畜の条件の断固たる拒否にかたちを変えるのだ。(11)

抑圧に抗して生みだされる怒りと暴力こそ、植民地の原住民をはじめて本当の人間にする。暴力の行使は人間解放のための処方箋である。狂気にも似た怒りの発動を抑えてはならない。それを生みだしたのは植民地支配の暴力なのだから。彼らによって触発された怒りと怨み、憎悪は倍加して植民者たちにぶつけるがよい、憎悪こそが抑圧された原住民のもつ唯一の宝だ、と言うのである。

もちろん、怒りにともなう暴力の発動には限界があることをサルトルやファノンは理解していたはずである。事実、ファノンはこう述べている。

反人種主義の人種主義（racisme anti-raciste）、植民地の抑圧に対する原住民の回答を特徴づけるところの自己の皮膚を擁護する意志、これはもとより闘争に参加する十分な理由を示している。だが、憎しみや人種主義を勝利させるためにのみ、一つの戦争を支え、巨大な弾圧に堪え、自分の家族全員の死に立ち会うことはできない。人種、憎しみ、怨恨、「復讐の正当な欲望」は、解放戦争に糧を与えるわけにゆかない。これら意識をよぎる稲妻は、肉体を騒然たる道に投じ、準病理学的な夢幻状態に投げ入れる――この状態において、他者の顔は私を眩暈《めまい》に誘い、私の血は他者の血を呼び求め、私の死は単なる惰性によって他者の死を呼ぶ――。だがこの当初の大いなる情熱は、それが自己の実体を糧として身を養おうとすれば解体する。なるほど植民地主義軍隊の絶えざる暴虐は、闘争に再び感情的要素を導入し、活動家に新たな憎しみの動機、「打ち倒すべきコロン」を求めにゆく新たな理由を与えはするが、しかし指導者は、憎悪がプログラムを構成しえぬものであることを日々理解してゆく(12)。

植民地支配者の暴力は、抵抗する活動組織に怨恨や憎悪というかたちで新たなエネルギーをもたらしはするけれども、具体的な活動指針やプログラムを与えるものではない。憎悪や怨恨だけでは、支配者に対抗できるような本当の意味での「権力」を生みだすことはできない。アレントにとって問題はここにあった。

「怒り」と暴力

抑圧された者が怒りに駆られて振るう暴力をアレントは否定しているわけではない。激しい怒りの感情は、その他の人間的な感情と同じく、自然なものであって、非道な抑圧、不正な行為に対して怒りを覚えないほうがよほど非人間的である。ただし、人間的な感情としての「怒り」は、暴行を受けたことに対する自動的な反応(reaction)ではない。

不治の病にかかったり地震に見舞われたからといって誰も怒りはしないし、さらに言えば、変更できないように見える社会的条件に対して怒りをもって反応する者はいない。条件を変えることができそうなのに変えられていないのではないかと疑うだけの理由があるときにはじめて、人は怒りを覚える。われわれが怒りをもって反応するのは、正義感を侵害されたときだけであって、その怒りは必ずしも個人的な損害によるものではないということは、革命の歴史すべてが示している。革命に火を点けるのはいつでも上層階級であって、彼らが抑圧され虐げられた人々を反乱へと導いているのだ。(13)

「怒り」は他人から受けた不当な仕打ちに対する情緒的な反応ではあるけれども、それは「自然」のままの感情ではない。何かの拍子に転んだときの痛みと、同じところを蹴られたときの痛みは、痛みとしては同じでも、そこから出てくる感情は違う。蹴られた痛みからただちに「怒り」が湧いてくるわけではない。誰かによって故意に蹴られた、しかもそれが根拠のない「不当」な行為だと考えるようになってはじめて「怒り」は湧いてくる。そこには自分と周囲に対する反省の契機が入っている。

もっと詳細に見れば、他人に殴られたときに最初に出てくるのは――激痛で失神したり動転して周りが見えなくなったりするのでなければ――単純な驚きで、次には殴られて仰天あるいは動転してしまった自分に対する表現しがたい違和感が湧いてくる。他の誰かに見られた、見られたかもしれないという羞恥《しゅうち》の感情も相まって、そうした心の居心地の悪さを解消しようとするときに、相手の行為の「不当」さに原因が帰されるということになるだろう。それが客観的に見て「不当」かどうかは別として、「自分は今、不当な扱いを受けた。少なくともそのような扱いを受けるいわれはない」というかたちで、「正義が侵害された」と感じたときに、はじめて「怒り」は出てくるのである。

そのようなかたちで出てくる「怒り」に基づく暴力、とりわけ抑圧された弱者の行使する暴力には、それなりの道理があることをアレントも認めている。

慎重にゆっくりと行動するのは怒りや暴力の性分ではないが、だからといって怒りや暴力が非理性的だということになるわけではない。逆に、公的生活でも私的生活でも、すばやい暴力的な行動が唯一適切な対処法であるような状況が存在する。問題は、怒りの鬱憤《うっぷん》晴らしをすることではない。それだけなら、テーブルを叩いたり、ドアをバタンと閉めれば怒りの鬱憤は晴らせるはずだ。重要なのは、一定の状況においては暴力——つまり議論や弁論なしに、結果など考慮しないで行動すること——が正義の天秤を正常な位置にもどす唯一の方法だということである。(14)

怒りが何かの対象や問題に対して向けられているかぎりにおいて、暴力はそうした問題の所在を明らかにするという効果をもっている。問題がきわめて切迫して迅速な対応を必要とする場合、その問題に直接関わる者、それによって被害や危害を受けている者にとって、それ以外の道が閉ざされているような場合、暴力は不正を受けた者のとりうる唯一の手段である。

問題は、それで本当の解決を得られるわけではないということにある。かりに受けた不正が本物であって、暴力で応酬するそれなりの理由があったとしても、暴力をもたらした問題そのものが解決されるわけではない。なるほど暴力の行使は、行使する当事者やそれを支持する傍観者にとってはある種の鬱憤晴らしにはなるだろう。怒りを心の内部に溜め込んで鬱屈するよりは発散したほうがいいし、精神衛生上からは推奨されるかもしれない。それは、人が怒りにまかせて近くにあるものを蹴り飛ばしたり、ドアを勢いよく閉めるのと同じである。

しかしながら、怒りの対象に暴力が向けられたとき、今度は、暴力を受けたほうが、暴行されたという事実、それを甘受してしまった自分と折り合いをつけなければならなくなる。受けた暴行を「正当な裁き」としておとなしく受けいれることのできる人間は少ないだろう。土下座したり涙を流して謝罪するというのも、受けてしまった自分の心の居心地悪さを解消する――その居心地悪さをそのまま相手に返す――一つの方法だが、相手から受けた暴力を「不当」なものとして対決姿勢を強めるというのが「自然」な情緒的反応だろう。暴力は暴力を呼ぶ、復讐の連鎖といわれるのはそうした悪循環からはじまる。しかも、暴力による鬱憤晴らしが、問題に直接関わらない第三者、攻撃しやすい弱者に向けられれば、悪循環はさらに拡大していくだろう。黒人問題においても、そうした危険があるとアレントは見ていた。

たとえば、黒人の不満に対して「われわれみんなに罪があるのだ」という叫びで応えるのが白人のリベラルな人々のあいだで流行していること、ブラックパワーが喜んでこの「告白」を利用して、非理性的な「黒人の怒り」をひたすら煽ったことは誰もが知っている。すべての人に罪があるというのは、誰にも罪はないと言うに等しい。集団的な罪の告白は本当の犯人が発見されないようにする最良の安全装置であって、罪があまりに重いというのは何もしないことの最良の口実なのである。とりわけ黒人問題においては、それは人種主義をより高い抽象的なところにもちあげるだけであって、問題を曖昧にしてしまう危険がある。黒人と白人との対立を集団的な有罪と無罪という和解しがたい対立にすることで、黒人と白人のあいだに横たわっている本当の亀裂が癒やされるわけではない。「すべての白人に罪がある」というのは危険な戯言であるだけでなく、裏返しの人種主義であって、黒人が抱えている本当の不満や道理のある感情に非理性的なはけ口を与えて、現実から逃避させるのに大いに寄与するだけなのである。(15)

不当な差別や抑圧を受けた者が、差別した相手や抑圧する支配者を告発するとき、追及を受ける側は、精神的には受身の立場、いわば道徳的な「弱者」の立場に立たされることになる。(16)ただし、実際には、不当な差別や非人道的な抑圧を告発し弾劾したとしても、実際に差別や抑圧を実行した本人が心から反省することは、おそらくあまり多くないだろう。それが彼らの利益や既得権に関わることであるならなおさら、そうした告発をいわれのないものとして反論し、反省や謝罪など頑なに拒否するだろう。むしろ「謝罪」や「反省」を口にするのは、そうした行為に直接には関与しなかった周囲の人間や、まったく関わりのない第三者のことのほうが多い。彼らは、そうした不正や蛮行を見過ごしてしまったという自責の念からか、あるいはある種の理想主義に駆られてか、自らを差別や抑圧に加担した者として告発し、道徳的な「弱者」の立場に置くのである。そうした精神的・道徳的「弱者」に対する批判は、彼らの罪状が直接的な加害でないならば、それ自体が一種の「暴力」として作用することになる。そこでは、本当に解決すべき不当な差別や抑圧から目を逸らさせてしまう、とアレントは言うのである。

不正で不当な扱いを受けてきた黒人の怒りの声に対して、リベラルな白人の側からしばしば出される「罪の告白」や「謝罪」は、黒人の不満のはけ口を与えることにはなるかもしれないが、それで黒人の怒りが本当に癒やされて、黒人と白人のあいだの亀裂が修復されるわけではない。黒人問題に限らず、「集団的な罪」というかたちで問題を提起し、「罪の告白」や「謝罪」を求めることにアレントは総じて批判的である。

「偽善」に対する怒り

問題は、それが責任の所在を曖昧にするというだけではない。リベラルな白人から、おそらくは善意に基づいてなされる「罪の告白」や「謝罪」は、かえって黒人の側の怒りを増大させる。人々の怒りに火を点けて反乱に駆り立てるのは、差別や不正、それにともなう暴力よりも、支配層とされる人々の「偽善」(hypocrisy) だからである。

体制の支配層や社会の上層階級が富や特権を思いのままにしている。それだけでも許せないことであるのに、その上、厚かましくも「正義」だの「人類愛」だのと綺麗事を公言してはばからない、そうした「偽善」に対して人は怒りを覚える。フランス革命の指導者たちの動機は、貧困や格差に対する抗議というよりは、むしろ支配層の「偽善」に対する怒りだった。教養や徳を装いながらその内実においては陰謀や愚行、虚栄や享楽に耽る王室や貴族、上流社会の「偽善」に対する怒りが、ロベスピエールらジャコバン派がテロルを推進した強力な動機となったのである。腐敗したブルジョア社会に対する憎悪はファノンなどの暴力支持論の動機であるだけでなく、大学紛争や黒人問題における暴力をともなう告発の強力な動機の一つだった。アレントは『暴力について』の中でこう述べている。

敵の顔から偽善の仮面を剝ぎ取って、彼らの正体を暴き出すこと。彼らは、ことさら暴力的な手段を用いなくても、巧妙に隠された策謀や不正な操作によって支配できるのだから、こちらは殲滅《せんめつ》される危険を冒してでも行動を起こして敵を挑発しなければならない。そうすれば、真実は自ずと明らかになるだろう——こうした動機が今日なお大学キャンパスや街頭での暴力の

最も強力な誘因の一つである。(17)

深刻なのは、そうした「偽善に対する闘い」に駆り立てられるのが、自己欺瞞《ぎまん》に陥った者や、自分を棚に上げて他人の不正をあげつらうような軽薄な輩ではなく、むしろ自己に対して誠実であろうとする人間だということにある。王室や貴族たちの腐敗や偽善を鋭く告発して、やがては反対派を大量に粛清する「恐怖政治」を行うジャコバン派の指導者ロベスピエールは、最も親密な友人に対しても不信の目を向けたといわれる。そうした不信は「彼の狂気から生じたものではなく、自分自身に対するまったく正常な疑いから生まれた」のであった。彼は公的な生活においてつねに「清廉潔白な人」たらんと心がけていたが、そのような絶えざる自己点検がどこに行きつくか、アレントはこう述べている。

なるほど、あらゆる行為は目的と原理をもっているのと同じく動機をもっている。しかし行為それ自体は、追求する目的を宣言して、それが従う原理を明らかにするけれども、行動の主体の心の奥底の動機を明らかにはしない。彼の動機は暗闇に隠されたままであり、光に照らされて輝くことはない。それは他人の眼から隠されているだけでなく、ほとんどの場合、彼自身から、彼の自己点検からも隠されている。したがって、動機を探求しようとすること、各人は心の奥底にある動機を公の場に開示しなければならないという要求は、実際には不可能なことを要求しているのだから、すべての行為者は偽善者になる。動機の展示会がはじまる瞬間に、偽善がすべての人間関係に毒を注ぎはじめるのである。(18)

行動の動機が誠実であるかどうか、不純な動機がそこに潜んでいないかどうかなど、本人にも分かりはしない。したがって、自分でも保証できない「心の問題」を、「自分は公明正大、清廉潔白である」などと言って公的な場にもちだそうとすることは、すべて「偽善」とならざるをえない。内面の純粋さや誠実さを基準にしてみれば、「政治の世界」で活動する人間は多かれ少なかれ「偽善者」となる。そこで自分の動機の純粋さ、誠実さを示すため一番てっとり早い方法は、他人の動機の不純、不誠実を「誠心誠意」告発することである。かくして「心の問題」が「政治」の場にも ち込まれれば、互いに相手の「偽善」を非難する不毛な争いになるだろうとアレントは言うのである。(19)

イデオロギーとしての「人種主義」

これまで述べてきたように、人々を「暴力」に駆り立てるのは、貧困や格差でも、差別や偏見でもない。経済的な利益や所得の格差のような階級的・階層的な対立は集団間の調整である程度は解決しうるし、社会的な差別や偏見は政治的な「権力」によって、これもある程度は抑制することができる。そうであるからこそ、対立を深刻化させて、「暴力」を誘発するようなイデオロギーに警戒しなければならない。アレントはこう述べている。

白人のそれであれ黒人のそれであれ、人種主義というものは、説得によっても権力によっても変えることのできない白い肌や黒い肌という自然な有機体の事実そのものを攻撃の標的にするという点で、その定義からしてすでに暴力をともなっている。事態がいよいよ抜き差しならないところにくれば、できることは、そうした肌の色の持ち主を根絶やしにすることしかないからである。しかしながら、人種主義は、人種（race）それ自体のように生の事実ではなく、一つのイデオロギーにすぎない。人種主義によって導かれる行為は反射的な行為（reflex actions）ではなく、似非《えせ》科学的な理論に基づく意識的な（deliberate）行為である。人種間の闘争における暴力はつねに殺人をもたらすが、それは「非理性的」なのではない。人種主義の論理的かつ合理的な結果なのである。(20)

人々のあいだの差異や区別には、肌の色や骨格などの身体的特徴に基づく「人種」(21)と、宗教その他の文化的な要素による「民族」があるといわれている。実際には人は他人を具体的な生活態度、日常的な立ち居振る舞いによって識別するし、そうした振る舞いは集団に特有の身体的特徴と結びつけられている。食事の内容がその集団の体質の相違を形成するだけでなく、食事の作法、さらに衣類の着こなしや住居での振る舞いと、それに相応しい身体的な特徴とは相関すると考えられている。ある集団が自分たちを独自の「民族」と意識するときには、祖先や起源についての伝承というかたちで、血縁などのつながりが意識されるのも、そうした身体的な特徴と結びついた生活習慣が、民族や人種特有の「文化」の基礎だからである。

衣食住からはじまる日常的な生活習慣は、そこに所属する人間にとっては「当たり前の生活」「居心地のいい生活」を保証するだけでなく、「自分は○○人である」「△△人らしく生きよ」というかたちで生活の指針を与える、アイデンティティの拠り所でもある。血縁や歴史的起源についての説明は「自分たちは何者であるか」というアイデンティティを確固としたものにしてくれるだろう。人はどのようなかたちであれ、「自分は何者なのか」「自分はどこから来て、どこに行くのか」という指針や拠り所なしには生きていくことはできない。今日、「人種」という概念が客観的・科学的な意味でどこまで妥当なのかが疑問視されているにもかかわらず、「肌の色」による差異という「事実」が人々にとって一定のリアリティをもっているのは、ここに理由がある。

「民族」や「人種」に対する偏見も、生活習慣や文化の相違がもたらす違和感に発している。食事の作法から住居での立ち居振る舞いなどの相違は、生活に根ざしたものであるだけに切実に感じられるだろうし、自分の生活習慣を否定されれば敏感に反撥するだろう。そうした違和感や反感が、肌の色や姿形と結びつくとき、それは「自然」に根ざしたものとして意識されることになる。

イデオロギーとしての「人種主義」は、そうした違和感からはじまる偏見に体系的な説明を与えて、人々を動員しようとする。経済的な格差や貧困などの現象を、「人種」という「自然的な」事実と結びつける。現実に経済的な格差や貧困、社会的な差別が存在していて、そこに肌の色の異なる集団が絡んでくれば、イデオロギーによる説明は説得力をもつことになるだろう。言いかえれば、自分の今の境遇に対する不満と、異なる肌や目の色をもつ人間に対する違和感や嫌悪がイデオロギーによって結びつけられてはじめて、人々は異人種を排除する「暴力」に駆り立てられるのである。
人種主義をはじめとするイデオロギーによって人々が特定の人間集団の絶滅に向けて動員されていくとき、この組織的な「暴力」にどうしたら抵抗することができるのか、これが次の問題である。

注

（1）川島正樹『アファーマティヴ・アクションの行方』名古屋大学出版会、二〇一四年、五九―六〇、六四―六五、七〇―七二頁。
（2）同右、八六―八七頁。
（3）前掲『暴力について』一六三―一六四頁。
（4）サルトル＝ファノンの暴力肯定論とならんで挙げられるのは、ジョルジュ・ソレルの『暴力論』である。十九世紀末から西欧において表面化する「議会制民主主義の危機」に対して、ゼネラル・ストライキなどによる労働者階級の直接行動をソレルは提起したが、注目されるのは、ソレルが労働者階級の行使する「暴力」（violence）と、支配階級たる資本家が上から行使する「強制」（force）とを区別していることである。「強制力（force）は、少数派によって統治される、ある社会秩序の組織を強制することを目的とするが、他方、暴力はこの秩序の破壊をめざすものだと言えるだろう。ブルジョアジーは、近代初頭以来、強制力を行使してきたが、プロレタリアートは、今や、ブルジョアジーに対して、そして国家に対して暴力で反撃している」（『暴力論』下、今村仁司・塚原史訳、岩波文庫、二〇〇七年、五三－五四頁）。その意味においては、体制側の「強制」に対して労働者階級が用いる「暴力」は、アレントの言う「権力」と重なり合っている。もとよりソレルの「暴力」は既成秩序の破壊にとどまる――その点ではサルトル＝ファノンの「暴力」と一致する。

（5）フランツ・ファノン『地に呪われたる者』鈴木道彦・浦野衣子訳、みすず書房、一九九六年、二二頁。

（6）同右、二二頁。

（7）同右、八六頁。

（8）サルトル「沈黙の共和国」白井健三郎訳、『サルトル全集第十巻　シチュアシオンⅢ』人文書院、一九六四年、八－九頁。

（9）前掲『暴力について』一五六－一五七頁。

（10）同右、一五六頁。

（11）前掲『地に呪われたる者』一七－一八頁。

（12）同右、一三三－一三四頁。

（13）前掲『暴力について』一五〇頁。

（14）同右、一五〇－一五一頁。

（15）同右、一五二頁。

（16）そこには社会的な強者、富や権力に優る強者に正面から立ち向かえない弱者が、「差別は悪である」「人は平等でなければならない」というかたちで優劣を決める評価の土俵を転換し、優位に立つことによって、それまでの怨みを晴らすという「ルサンチマン」の心理的メカニズムが働いている、というのがニーチェの議論である。アレントもニーチェの「ルサンチマン」論から多くを継承している。不当な差別や抑圧を含めて、起こってしまった出来事にどう向き合うのか、これが第9章で説明する「許し」の問題である。

(17) 前掲『暴力について』一五三頁。

(18) 前掲『革命について』一四五―一四六頁。

(19) フランス革命における「偽善」に対する闘争の背後にルソーの理論があること、それが革命指導部の自己粛清という「テロル」へと行きつくことについては第6章「革命の条件」で説明する。

(20) 前掲『暴力について』一六三頁。

(21) 厳密に言えば、生物学的な「種」と「人種」は異なる。個体同士で交尾して繁殖力のある子孫を残せるのが「種」と呼ばれる――ネコ科のヒョウ(雄)とライオン(雌)を交配した「レオポン」には生殖能力がない。人間(ホモ・サピエンス)のあいだの「人種」間の交配によって生まれた子供に生殖能力があるのはご存じのとおりである。ただしこのことは、アレントの言うように、肌や目の色や骨格などの身体的特徴と遺伝子的特質の異なる人間集団としての「人種」が存在するという「自然な事実」を否定するものではない。

第5章　抵抗のための「権力」——ユダヤ人の「最終解決」をめぐって

ユダヤ人評議会と抵抗の可能性

アウシュヴィッツなどの絶滅収容所へのユダヤ人の移送の責任者であった親衛隊将校のアドルフ・アイヒマンは、戦後、逃亡していたアルゼンチンでイスラエルの特務機関に拿捕《だほ》され、エルサレムで裁判が行われた。裁判を傍聴したアレントの報告『エルサレムのアイヒマン』がユダヤ人のあいだで拒絶に近い反応を受け、アレント自身もさまざまな嫌がらせを受けたことは今日よく知られている。

争点の一つとなったのは、ユダヤ人評議会の関与の問題であった。犠牲となったユダヤ人の数については今日なお議論があるが、ガス殺や射殺などの方法で直接に殺害されただけでもおよそ二七〇万人にのぼると言われている。それだけの人間をヨーロッパ各地から絶滅収容所に移送するためには、ドイツの国防軍や警察、ナチスの親衛隊（SS）、その他の関係機関、占領地帯の傀儡《かいらい》政府やその関係機関など、多数の人間の有形無形の「協力」なしにはできなかった。ユダヤ人自身もその一部が、収容所でのガス殺やその後の死体処理などに——強制されてか自発的にか——協力しただけでなく、各地に存在していたユダヤ人評議会が、移送される人員の選別などに積極的に協力していたのである。評議会の側からすれば、協力することで無用の混乱を避ける、あるいは、ナチスとの取引材料とする等の思惑があったかもしれない。しかしながら、自分たちの絶滅を公然とその目標に掲げている集団に、進んで協力すること自体、根本的に間違っている。なるほど抵抗や不服従は厳しい弾圧や報復をもたらしただろうし、それにともなってさまざまな混乱と、かなりの犠牲が生じただろう。だが、ユダヤ人自身の協力がなければ、数百万といわれる人間が従順に、殺人工場へと運ばれていくようなことは起きなかったはずだ、とアレントは言うのである。

ここで問題とされているユダヤ人評議会は、もちろんアレントの考える「評議会」とは異なっている。後に述べるようにナチスはユダヤ人の強制移住、そして収容所への移送を進めるために各地でユダヤ人の自治組織である評議会を利用したが、その多くは伝統的な長老評議会であった。ユダヤ人に限らず多くの長老評議会は、伝統的な地縁や血縁的なコミュニティの代表からなる連合体であり、基礎となる単位集団から選ばれた上位の代表会議によって構成される。これがアレントの言う「評議会」として機能するためには、①人種・伝統・階級であれ何であれ個別集団の利益を超えた「共通の問題」の解決のために、②たんなる「利益」の調整のためでない自由な「意見」の表明と討論と、③そのための意思疎通が相互の集団間、上位・下位の組織のあいだで制約なく行われることが必要だろう。これが少しでも実現していればナチスや現地当局に対する抵抗は可能だった、とアレントは考えたのである。

ナチスのユダヤ人迫害のように、ほとんど一方的に強者の側が強制力を行使する状況においても、何ほどかの抵抗や異議申し立ての可能性が存在する。だからこそ、服従する側がどのような態度をとるかが重要な意味をもつ。ここには、アレントの考える「権力」の特質がよく示されている。(1) 本章では、『エルサレムのアイヒマン』を手がかりに、抵抗とその条件について、検討することにしよう。

アイヒマンは「凡庸な悪人」か

『エルサレムのアイヒマン』には「悪の凡庸さについての報告」という副題がつけられている。アイヒマンは非道な悪人、他人に好んで暴力を振るうような人間ではなかった。ごく普通の市民も、上からの命令に黙従すれば、ユダヤ人をガス室に送り込むことさえ平気でやってのける。アイヒマンはそうした「凡庸な悪」の典型だった。貴方もいつアイヒマンになるかもしれない。そうならないように注意しよう。『エルサレムのアイヒマン』はそうした警告の書として読まれている。しかしながら、アレントにとって問題の所在はもう少し別のところにある。

エルサレムでの裁判でアイヒマンは、検察官の尋問に対して、自分はカントの言う道徳律に則って行動してきたと発言している。「汝の意志の格律が普遍的な立法となるように行為せよ」というのがカントの定言命法であった。貴方の行為はすべての人に適用できる普遍的一般的な規則に従っているかどうか、他人も同じ規準で行動することが妥当であるか吟味せよ、と言うのである。要するに「人にやられて困ることは自分もするな」。この規準に照らしてみれば、アイヒマンの行動がそれに当てはまるかという疑問が出てくるだろう。そこにはカントの道徳哲学の歪曲がたしかにある。

カントがこうした規準を打ち出した理由は、一人ひとりの人間が一個の人格として、自らの判断と責任において行動するためであった。権威であれ脅迫であれ、あるいは利益であれ、外から与えられた規準に依拠して他律的に行動してはならない。そうした立場からすれば、人格の自律を損なう行為、外的な圧力や利益に屈従することこそ忌避すべき「悪」になる。カントにとって「根源悪」というのは、人間の本性の内に存在するそうした「性向」のことを指していた。アレントは「道徳哲学の諸問題」という講義録の中で、こう述べている。

性向や誘惑というのは人間の理性にではなく、人間の本性に根ざしている。人間がその性向に従って悪の道に誘われるということの事実をカントは「根源悪（radical evil）」と呼びました。カントも他の道徳哲学者も、人間が悪それ自体のために悪事を為すことができるなどとは考えませんでした。人が道を踏み外すのは例外的な事態である。人は誘惑に負けて法から逸脱するのであって、他の場合なら法は正しいものだと認めている——だから泥棒も財産を守る法を認めていて、自分の財産もその法によって保護されることを望んでいる。ただ自分の利益のために一時的な例外を認めているのにすぎない、とカントは言うのです。(2)

理屈の上では正しいと分かっていても、利己心や誘惑に屈して道徳規範や法から逸脱してしまう、人間の本性の内に存在する拭いがたい性向こそがカントにとって「悪」であるならば、アイヒマンは、性向としての「悪」に抵抗するという、カントの道徳哲学の核心部分はたしかに理解し、実行していたのである。そのことはアレントが紹介しているアイヒマンの行動が示している。

一九四四年六月、東部戦線でソ連の本格的な反攻が開始され、敗色が濃厚になってくると、ナチス指導部の内部にも方針上の揺れが生まれてくる。開戦前からユダヤ人の国外追放を組織し、開戦後の占領地域から強制収容所への移送と殺戮を実行していたのは親衛隊（ＳＳ）の責任者ハインリヒ・ヒムラーだったが、そのヒムラーも一九四四年秋の段階では、アウシュヴィッツの殺戮施設の撤去を命じるようになる。敗戦後に予想される裁判や処罰を見越して、その取引材料としてユダヤ人団体の救出活動にも協力するという思惑があったといわれている。彼らＳＳの「穏健派」は、「自分の殺しえたはずのすべての人間を殺さなかったと証明しうる殺人者は素晴らしいアリバイをもっていると信じられるだけのお目出度い連中と、金とコネが再び何よりも幅を利かす〈正常〉な事態への復帰を予想するだけの目はしが利く手合い(3)」である。

だが、アイヒマンはこれに加わらなかった。アイヒマンがＳＳの「穏健派」から遠ざけられていたという事情もそこには介在しているのだが、アイヒマンは少なくとも主観的には総統本来の「過激な」命令を堅持して、「温和化」したヒムラーの命令を可能なかぎりサボタージュして、ヒムラーの意を受けた「穏健派」との権力闘争に敗れたのである。その意味においては、アイヒマンは、敗戦という状況に適応して日和見《ひよりみ》を決め込もうとするヒムラーとはちがって、最後までヒトラーに——彼が理解したところの総統の意図に——忠実であった。

アイヒマンはたんに上から与えられた命令に従っただけではない。自己保身や大勢順応への「誘惑」に抵抗して、ナチスとヒトラーの定めた「法」に積極的に従おうとしていたのである。アイヒマンの「悪」とは、そうした逆説的な意味における「悪」なのであった。『エルサレムのアイヒマン』の中で、アレントはこう述べている。

ちょうど文明国の法律が、たとえ人間の自然の欲望や性向は時として殺人を犯すとしても、良心の声はすべての人間に「汝殺すべからず」と告げると前提しているのと同じように、ヒトラーの国の法律は良心の声がすべての人間に「汝殺すべし」と命ずることを要求した。とはいえ大量虐殺を組織した者たちは、殺人というものが大多数の人間の正常な欲望や性向に反していることを十分承知していた。それゆえ第三帝国における「悪」は、ほとんどの人が悪を悪だと認める「誘惑」という特質を失っていたのである。多くのドイツ人やナチスの多くの者たち、おそらくその圧倒的大多数は、殺したくない、盗みたくない、自分らの隣人を死に赴かせたくないという「誘惑」を感じていたに違いない（ユダヤ人が殺戮されるために運ばれていくことを彼らはもちろん知っていた。多くの者はその惨たらしい詳細を知らなかったとしても）、だからそこから何らかの利益を得ることでこうした犯罪すべての共犯者にはなりたくないと考えたはずである。だが、彼らは誘惑に抵抗する術をたしかに心得ていたのである。(4)（傍線引用者）

体制それ自体が「不正」であるとき、その法が「汝殺すべし」と命ずる不当な法であるとき、自己利益やその他の理由から「法」に従いたくないという「誘惑」や「性向」に屈服せず、むしろそうした「誘惑」を克服して（ナチスの不正な）法に従うこと、アイヒマンの「悪」は、自己保身や無思慮から大勢に順応するという受動的なものではなく、能動的な性格を秘めていたのである。それは、われわれの誰もが多かれ少なかれ自分の内に認めるような、「どこにでもあるありふれた」という意味での「凡庸な悪」ではなかった。

抵抗の拠り所としての「判断力」

そうであるとするならば、問題はカントの道徳哲学の歪曲ではすまされないことになる。少なくともその主観においてアイヒマンはカントの道徳哲学の原則に従ったのであり、カントの定言命法にアイヒマンのような解釈を許容する余地があるとすれば、それはカントの道徳哲学そのものに問題があるのではないか、ということになるからである。

言いかえれば、こうである。なるほど理論や主義主張の正しさへの確信、あるいは正義や理想への献身は、人を行為へと駆り立てる原動力であるし、大勢が反対の方向を向いている中で自分の信ずるままに行動する拠り所となることは確かである。しかしながら、そうした大義への献身だけに依拠することには、ある種の危うさがともなっている。もし拠り所とする主義や大義それ自体が間違っていたとしたら、大義への忠誠や原理原則への確信は間違った道に突き進むことになるだろう。自己の信念の正しさのみを確信して暴走する。そうした落とし穴にはまらないようにする歯止めはどこにあるのか。アレントが考えようとしたのはこうした問題であった。

ここでアレントが注目しているのは、カントが『判断力批判』で論じていた美的判断力である。カントは判断力を個別的なものを一般的なものに照らして決定を下す能力として定義した。われわれが特定のチューリップが美しいというとき、すべてのチューリップは美しい、したがって今ここにあるチューリップも美しいという論理的な判断をしているわけではない。すべての対象に妥当する美の概念をこのチューリップに適用するのではなく、あくまでも個別具体的な花の内に美を見いだす、そうした判断力を行使する際の源泉となるものが「共通感覚」である。

共通感覚は、想像力を働かせることで、実際には目の前にいない人を自分の中に呼び出すことができる。そのようにして、人はあらゆる人の立場に身を置いてものを考えることができるとカントは言うのです。誰かがこれは美しいと判断するとき、彼はたんにそれが自分にとって快いものだと（たとえば、自分はチキン・スープが好きだが、他の人はそうではないかもしれないというような意味で）述べているのではなく、判断の際にすでに他人を想定して、彼らの同意を求めているのです。したがって自分の判断は普遍的とまでは言わないとしても、ある程度の一般的な妥当性をもつことが期待されている。その妥当性は私の共通感覚がその一員とする共同体にまで広まることになります。(5)

「共通感覚」というのは、人間がもっている感覚――視覚、聴覚、触覚、味覚、嗅覚のいわゆる五感を統合する上位の感覚のことを指す。人はさまざまな感覚器官を通じて外部からの刺激や情報を受け取るが、それを統合するのが「共通感覚」で、それによってはじめて人は外部の世界と自分との関係を確立すると同時に、内部の感覚を統御して一人の人格となる。したがって「共通感覚」の形成のためには、五感を通して与えられる世界の情報、とりわけ他の人間から与えられる情報が決定的に重要である。そうした感覚と情報を通じて人は他の人々とのあいだに一定の了解事項、必ずしも明文化されない慣習や伝統を形づくり、その中で生きている。「共通感覚」の英語表現であるコモン・センスが「人々に共通する感覚」つまり「常識」を意味する言葉として用いられているのはここに理由がある。

善悪についてのわれわれの判断も、この「共通感覚」に基づいている。われわれが善と悪を判断することができるのは、心の中に他人を想定して、彼らがどういう態度をとるかを考えながら、自分の判断の妥当性をはかるからである。その意味において、カントの言う「判断力」には、共通感覚を通じて行われる仮想の他者との対話が組み込まれていたのである。それは決して孤立した人間の孤独な思索ではない。カントの『判断力批判』には、『実践理性批判』の定言命法には欠けていた人間の複数性への視点が存在する。だからこそそれは抵抗の拠り所となりうる、とアレントは考えたのである。

なぜ美的判断や趣味判断を論じたカントの『判断力批判』が重要なのか、アレントはこう述べている。

共通感覚を通じてわれわれは一つの共同体の構成員となるのですが、この共通感覚が判断の「母」だとすると、道徳的な問題だけでなく、絵画や詩の作品でさえも、暗黙のうちに他者の判断を考慮に入れなければ判断できないということになります。さまざまな橋を認識するために、橋というものの共通の図式(schema)を参照するように、われわれは他人の判断を参照しているのです。「趣味においては利己主義は克服されている」とカントは述べています。言葉の本来の意味において、われわれは他人を「思いやっている」(considerate)。他人の存在を考慮に入れて、彼らの同意を得ようとしなければならないのです。〔中略〕カントの道徳哲学では、この種のことは必要ありません。われわれは知的存在として行動し、われわれが従うべき法はすべての知的存在を打倒する——他の星の住人や天使、そして神自身にも。われわれは他人のことを思いやる必要がない。われわれは他人の立場を考慮に入れる必要がないからです。われわれは自分の行為の結果を考える必要はない。それは道徳法則にも、行為を生みだす意志の善良さとも関係がないからです。(6)

たしかに、審美的な判断や趣味判断は、それを共有する者たちのあいだでのみ通用する。同じ判断を共有しない者たちを、「あいつは趣味が悪い」「奴らにはこの良さが分からない」と排除する方向にも作用する。その点で、すべての者に普遍的に当てはまる道徳原理のほうが行動基準として優れているように見える。しかしながら、普遍的な原理への忠誠は、どんなにそれが純粋なものであったとしても、他者とこの世界に対する配慮を欠くならば、「われ一人のみが正しい」という独善に陥るだろう――一部の良心的抵抗にみられるような、「正義は為されよ、たとえ世界が滅ぶとも」という態度をアレントはあまり評価しない。悪に抵抗する拠り所として最後に通用するのは、同じ志向（あるいは嗜好）を共有する仲間と結びついた「判断力」である。たとえ判断を下す場面において一人であったとしても、そこでは他者との対話が暗黙のうちに想定されている。そこには、他者と共同して「権力」を生みだす潜在的な可能性があるとアレントは考えたのである。(7)

ユダヤ人の「最終解決」に対する各国の態度

『エルサレムのアイヒマン』でアレントが紹介している各国政府の対応は、武力を背景にした強制に抵抗するためには何が必要かを考える手がかりを提供している。

一九四二年一月二十日にベルリン南西のヴァンゼー湖畔にナチスの指導者たちが集められて、ユダヤ人問題の「最終解決」、すなわち「絶滅収容所」による殺戮のための協議が行われる。ナチス体制の特徴であった競合する官庁や党機関を調整して、ヨーロッパ各地から絶滅収容所へのユダヤ人の移送が本格的にはじまることになるが、占領された国々や同盟国の対応はさまざまに異なっていた。その対応の仕方や服従の程度は必ずしもナチス・ドイツとの政治的・イデオロギー的な親近性と一致していたわけではない。服従の度合いが強かった順に挙げると以下のようになる。(8)

[ルーマニア]　ナチスの要請に積極的に応えたのが枢軸国側として参戦したルーマニアだった。ルーマニアのアントネスク政権は参戦以前から国内のルーマニア系ユダヤ人の市民権を剝奪して、独自の強制収容所への移送を開始し、三〇万人近くのユダヤ人を殺戮している。もともと反ユダヤ主義の根強い地域だったこともあり、自然発生的に起こった「ポグロム」(ユダヤ人虐殺)とそれにともなう混乱は、ナチスの親衛隊を戦慄《せんりつ》させるほどだったといわれている。

[オランダ]　ナチスに占領された地域でも、現地の当局とユダヤ人自身の対応によって結果は大きく変わってくることを示すのが、オランダとベルギーの事例である。ベルギーは軍政、オランダは文官と親衛隊による支配というかたちで、現地の傀儡政権ではなくドイツによる直接支配が行われていた。ベルギーを担当した軍政長官のアレクサンダー・ファルケンハウゼンは後にヒト

ラー暗殺計画の関与を疑われて逮捕された人物で、ユダヤ人の移送も遅延させようとしたといわれるが、アレントが重視しているのは現地国民とユダヤ人の側の対応の違いである。

オランダはもともとナチスのユダヤ人迫害に対する抵抗が根強い地域だった。ユダヤ人の大学教授が免職されたのに抗議して学生がストライキをはじめたし、ユダヤ人の強制収容所への移送に対しても最初にストライキが起こったのがオランダであった。予想外の抵抗に遭遇したドイツ側は突撃隊などによる暴力的な強制方法をあらためて、行政的な政令による移送へと方針を転換したのである。その際に、ドイツ側にとっては二つの有利な条件があった。

第一に、オランダには根強い抵抗が存在する一方で、強力にナチスを支持する勢力が存在していて、彼らにユダヤ人の逮捕や隠匿先の摘発などを任せることができたこと、第二に、現地のユダヤ人社会には、新参者のユダヤ人とのあいだに一線を劃す傾向があったことである。迫害を逃れてドイツから流入してくるユダヤ人難民にオランダ政府が好意的でなかったことが背景にあるとアレントは指摘しているが、ナチスはこれらの条件を利用して、自分たちの息のかかったユダヤ人評議会を移送に協力させることができた。オランダ在住のユダヤ人たちは、移送の対象となるのはドイツ系やその他外国系のユダヤ人であると信じて、自分たちの警察力をもって移送に協力したのである。

オランダ国民の中にはユダヤ人を擁護する人々が存在していて、二万五〇〇〇人にのぼるユダヤ人を匿《かくま》っていた――ドイツから逃亡してきたアンネ・フランクもその一人である――にもかかわらず、開戦時に外国系ユダヤ人約三万五〇〇〇人を含めて一五万人いたユダヤ人のうち、一一万五〇〇〇人が一九四四年七月までにはポーランドのルブリン地区の収容所に移送される。最終的に、オランダにいたユダヤ人の四分の三が殺害されて、その三分の二はオランダ生まれのオランダ国籍のユダヤ人、国内に潜伏して生き延びた一万人のうち約七五%が外国系のユダヤ人だった。

［ベルギー］ オランダと対照的なのがベルギーである。ベルギーには、分離独立の志向が強かったフランドル地方を除けば、目立った親ドイツ勢力は存在しなかった——フランドル地方の人々はオランダ語と同一言語のフラマン語を話し、ドイツに協力的だった。もう一つの特徴はユダヤ人の構成で、開戦時のベルギーにはおよそ九万人のユダヤ人が在住していたが、そのうち三万人はドイツから避難してきたユダヤ人、それ以外にも五万人ほどが他のヨーロッパ諸国の出身で、ユダヤ人の多くが外国系だった。すでに一九四〇年の末には四万人近くのユダヤ人が国外に逃亡して、残されたユダヤ人の中の指導的人物も多かれ少なかれ外国系であったために、ナチスはオランダのようにユダヤ人評議会の権威を利用できなかったのである。一九四二年末には一万五〇〇〇人が収容所に移送され、一九四四年秋には二万五〇〇〇人が殺害されたというその犠牲は決して小さくないが、それでもオランダとの差は顕著である。

［フランス］ ドイツに占領された国でも、親独的なヴィシー政権というかたちではあれ、現地に政府が存在して国土の一部を管轄していたフランスの場合はさらに異なっている。一九三九年の

段階でフランスには二七万人のユダヤ人がおり、そのうち少なくとも一七万人が外国人あるいは外国生まれのユダヤ人だった。一九四〇年春、ドイツの侵攻によってベルギーとオランダから大量の避難民が流入してこれに加わり、一九四二年にユダヤ人の総人口は三〇万人を超えていたといわれる。ナチス・ドイツは直轄の占領地域とヴィシー政府の管轄区域からそれぞれ五万人のユダヤ人を移送しようと計画するが、そのためにはフランスの警察の協力が必要不可欠だった。こうして一九四二年夏と秋にパリから一万七〇〇〇人、ヴィシー政府の管轄区域から九〇〇〇人、合わせて二万六〇〇〇人の無国籍ユダヤ人が移送された。次にナチスはフランス系ユダヤ人も移送の対象とするという指示を出すが——ユダヤ人を移送するのは東方への「植民」だというドイツ側の説明に反して、実態は殺戮だという噂が広く伝えられていたこともあって——フランス側はこれに強く抵抗した。反ユダヤ主義者ですら自分たちが大量殺人の共犯者になることは望まなかったとアレントは指摘している。結局、連合軍がフランスに上陸する二ヵ月前の一九四四年四月の段階で、二五万人のユダヤ人がまだ国内にとどまっており、彼らの多くは戦後まで生き延びることができたのである。

【イタリア】　ドイツの同盟国でファシスト政権のイタリアも、ユダヤ人の移送には強い抵抗を示した。イタリアにはローマ時代にまで遡る古いユダヤ人社会があって、そこには五万人弱のイタリアを母国とするユダヤ人が在住していた。もちろんムッソリーニのファシスト政権は、戦争勃発前から外国系のユダヤ人や、無国籍のユダヤ人を国外へ追放しようと試みていたが、これはイタリアの下級官吏の「いい加減さ」のために成功しなかった。ドイツ側がユダヤ人の引き渡しを求めてきたときにも、イタリアは主権を口実に引き渡しを拒否した。その代わりにユダヤ人たちをイタリア国内の収容所に入れたので、彼らはドイツがイタリアを占領するまではそこで「保護」されたのである。

戦争末期にムッソリーニが失脚して、バドリオ政権になってようやくドイツ側はイタリアのユダヤ人の移送に本腰を入れはじめる。イタリアの警察は信用できないというので、ドイツの警察隊が投入され、ローマにいた八〇〇〇人のユダヤ人を逮捕するが、事前にイタリア側から警告を受けていた七〇〇〇人はローマから脱出した。警告はしばしば古参のファシスト党員からも行われたといわれている。ドイツ側のテコ入れで捕らえられたおよそ三万五〇〇〇人のユダヤ人はオーストリア国境近くの強制収容所に収容され、連合軍のローマ入城が目前に迫る段になって、北イタリアからアウシュヴィッツへの移送が開始された。およそ七五〇〇人が移送されて犠牲となる——戦後に戻ってきたのは六〇〇人だった——が、それでも死者の数はイタリアに住んでいたユダヤ人全体の一〇％に満たなかった。

[デンマーク]　ナチスに協力的なフランスのヴィシー政権や、枢軸国の陣営に属していたイタリアでさえ、ユダヤ人の移送に対しては面従腹背や二股膏薬《こうやく》などの手練手管で実施を逃れようとしたが、正面切って移送に異を唱えたのはデンマークただ一国だった。デンマークには六四〇〇人ほどのユダヤ出自の市民と、戦争前にドイツから避難してきた一四〇〇人のユダヤ人が在住して

いたが、ドイツから無国籍を宣告されたドイツ系ユダヤ人を「無国籍であるからドイツの指示は受けない」と正面から保護する。デンマークからのユダヤ人の移送作業は遅滞し、多くのユダヤ人は大量のユダヤ人難民を受けいれている中立国スウェーデンへと逃れたのである。

デンマークからスウェーデンへの移動のための船舶の費用をデンマークの市民が拠出したのも異例のことだった。他の諸国の場合、ユダヤ人たちは自分自身の「移送費用」を支払わねばならず、地方当局を買収したり親衛隊と取引して出国できるのは富裕なユダヤ人に限られていたからである。半月ほどかけて行われた移動でスウェーデンは五九一九人の難民を受けいれるが、そのうち一〇〇〇人はドイツ出身のユダヤ人、一三一〇人は両親の一方がユダヤ人の「半ユダヤ人」、六八六人はユダヤ人と結婚した非ユダヤ人だった。デンマーク出身のユダヤ人のほぼ半数は国内に残って生き延びたのである。

抵抗の条件

ここでアレントが注目しているのは現地デンマークに駐在していたドイツの関係当局の対応である。彼らは住民の「公然たる抵抗」に遭って、ベルリンからの命令の遂行をサボタージュしたのである。一つの民族を全体として殲滅するというような途方もない要求に対して、正面からの反対に直面すれば、多くの人は次第に道理を取り戻していくだろう。ナチスの法の「厳格さ」の理想などというものは、ごく一部の「残忍な半狂人」の場合を除けば、いかなる犠牲を払っても大勢に順応したいという自己欺瞞の神話にほかならないのだから、とアレントは述べている。デンマークのドイツ当局は、そうした神話の呪縛から解放されて、おずおずとではあるけれども、「真の勇気」を示しはじめたのである。(9)

もちろん、強力な軍事力を背景にした支配に抵抗するためには、「暴力」を発動させないための慎重な配慮と、抵抗する側の連携と協力が必要になる。「権力」というのは、まさにそうした複数の者たち——置かれた立場やそれぞれの利害や思惑の異なるさまざまな行為者——の「行為」の絡み合いの中から生まれる力であった。ナチス・ドイツの支配の事例でいえば、現地ドイツ側の当局と本国との関係——これも外務省や軍など公的機関ならびにナチスの党機関との関係によって異なる——、現地の政府や行政・警察を担当する機関の対応、その国の市民の態度によって、抵抗の条件も変わってくることになる。

しかしながら、そうしたさまざまの行為者の協力や競合、対抗関係を踏まえた上で、決定的なのはユダヤ人自身の対応だというのがアレントの見方だった。オランダの事例が典型的に示しているように、自分たちの置かれた現実を直視して行動するかどうかが、ナチスに従い、ユダヤ人の移送に協力した現地オランダ系のユダヤ人——彼ら自身も、最終的には絶滅収容所に送られることになる——と、国外に逃亡した、あるいは協力的なオランダ市民に匿われた外国系ユダヤ人との生死を分けたのである。

注

（1）ナチスの支配をアレントの定義する「権力」に含めていいかどうかについては、議論の余地があるだろう。すでに第2章の注（12）で述べたように、「全体主義」の特質は、孤立した個人をイデオロギーによって動員するところにあり、そこでは「運動」そのものの「強制力」によって人々は支配される。しかしながら、「暴力」やその他の「強制力」のみに依拠するような支配はありえず、いかなる支配も「暴力」のための装置や枢要な支配機構を掌握する幹部、それを積極的に支持する党派の存在や、多数の被支配者の暗黙の同意に依拠している。その意味においては、ナチスの支配にも「権力」が不可欠の要素として入っている。言いかえれば、「暴力」や社会的運動の──あたかも自然の猛威のような──「強制力」に抵抗する術はないが、相手が「権力」だからこそ、「権力」をもって対抗する可能性が開かれるのである。

支配を支える「暗黙の支持」に関して、アレントの考えをよく示しているのが、アメリカの大学紛争についての発言である。大学紛争の際に、少数の学生が「暴力」によって授業を中止に追い込んだという見方は「きわめて誤解を受けやすい主張」だとして、アレントはこう述べている。「そのような場合に実際に起きているのは、実ははるかに重大なことなのである。すなわち、多数派はその権力を行使して破壊分子を屈服させることをあきらかに拒否しているのである。そして、誰も現状を維持するために賛成の手を挙げることはしても、それ以上のことをする気はないために、大学の教育課程は守られなくなってしまう。〔中略〕これらすべてのことから分かってくるのは、まさに、少数派は世論調査で人数を数えることによって予期されるよりもはるかに大きな権力をもつことができるということにほかならない。学生と教授との怒鳴り合いという見世物を楽しんで、傍観しているだけの多数派は、実際のところすでに少数派の味方なのである」（前掲『暴力について』一三二頁）。そして末尾にカッコ付きでこう付け加えている。「「戦闘的少数者」の小集団を云々することの愚かしさを理解するには、ヒトラー以前のドイツで、武装していない一人もしくは少数のユダヤ人が反ユダヤ主義者の教授の講義を粉砕しようとすればどのようなことが起こったかを想像してみるだけで十分である」と（同右、一三二頁）。

（2）ハンナ・アレント「道徳哲学のいくつかの問題」『責任と判断』中山元訳、ちくま学芸文庫、二〇一六年、一〇四頁。

（3）ハンナ・アーレント『新版 エルサレムのアイヒマン——悪の陳腐さについての報告』大久保和郎訳、みすず書房、二〇一七年、二〇二頁。

（4）同右、二〇九—二一〇頁。

（5）前掲「道徳哲学のいくつかの問題」『責任と判断』二二七—二二八頁。

（6）同右、二三〇—二三一頁。

（7）実在ないし仮想の他者との対話によって形成される「共通感覚」に基づいた行為が、ただちに周囲の人々の支持や同意を得られるわけではない。アレントは一九六三年にドイツのフランクフルトで開始されたナチスの犯罪者たちの裁判（いわゆる「アウシュヴィッツ裁判」）について短い論説を書いているが、そこでフランツ・ルーカスという医師の事例を挙げている。

ルーカスは収容所に勤務した数ヵ月のあいだ「できるだけ多くのユダヤ人収容者の生命を救おうと努力」して、同僚から「村八分」にされ、裁判の際にも、互いにかばい合う同僚たちから攻撃されていたが、自分に有利な証言をしてくれた証人を確認することも、証言された出来事を想いだすことも拒否していた。そんな彼の前に、マイアミからやってきた女性が証言台に立つ。彼女は一九四四年五月に母親とともにハンガリーからアウシュヴィッツに送られた。母親は、おそらく子供たちだけは救いたいと考えたのだろう。抱いていた赤ん坊（弟か妹かは記されていない）を娘に預けて、子供の母親であるように服装を整えた。ルーカス医師はそれを見て、赤ん坊を彼女から奪って母親に渡したのである。母親は赤ん坊とともにガス室に送られた。

法廷はただちにルーカス医師の意図を察した。アウシュヴィッツでは「子供づれの母親はすべてガス室に送られる」ことが規則で決まっていたのである。「貴方はこの女性を救う勇気があったのか」という問いに、医師は一瞬沈黙した後、これを否認した。医師に命を救われた女性は、この医師が自分の母親ときょうだいの殺害者だと信じたまま法廷から立ち去った（「裁かれるアウシュヴィッツ」前掲『責任と判断』四四六－四四九、四五八－四五九頁）。

「人々が世界を逆さまにしようとしたときにはこうしたことが起こる」（This is what happens when men decide to stand the world on its head）とアレントは論説を結んでいるが、それは全体主義の転倒した世界だけのことではない。裁判当時のドイツの世論の大多数は「アウシュヴィッツのことは忘れたい」と望んでいたし、そうした背景もあって被告たちは証人を無視したり、傍聴する人々に対して軽蔑の眼差しを向けるなど、法廷に対する不敬な振る舞いを示していた（同右、四一六－四一七頁）。そうした雰囲気の中で行われた裁判で「真実、全体の真実」が明らかにされたかどうかは大いに疑問である。だが「ただ一つの真実」の代わりに、「真実のさまざまな瞬間」がそこには現れる。ルーカス医師の法廷はそうした場面の一つであった。だからこそ、何が起こったのか、起こった出来事を正確に伝えること、一人ひとりの行ったことを記憶することが必要なのである。この問題については第9章で論ずる。

（8）前掲『エルサレムのアイヒマン』第一〇章、第一一章。各地のユダヤ人の犠牲者数については議論がある。ここではアレントが『エルサレムのアイヒマン』で挙げた数字を挙げた。なお、この書物の巻末には参考文献が掲げられているが、アレントは詳しい参照注を付けていないので、ここに紹介する数字や事実経緯がどの文献や資料に依拠しているのかは不明なところが多い。アイヒマン裁判後の一九六一年に出版されたラウル・ヒルバーグ『ヨーロッパ・ユダヤ人の絶滅』（望田幸男・原田一美・井上茂子訳、柏書房、一九九七年）をアレントは随所で参照・引用しているが、各地での抵抗の諸相などについての記述は必ずしもヒルバーグのものではない。

（9）同右、二四三－二四四頁。

第6章　革命の条件

ハンガリー革命

人々が協力して生みだした「権力」によって、既存の体制を転換することは可能なのだろうか。「革命」が成功するための条件は何なのだろうか。人々が形成した評議会による革命について、アレントが比較的まとまったかたちで論じているのは、第二次世界大戦後に起こったハンガリー革命である(1)。

第二次世界大戦によってナチス・ドイツが崩壊した後も、スターリンのもとでの全体主義支配は存続して、東欧諸国を衛星国としてその支配圏に組み入れていた。一九五三年にスターリンが没し、一九五六年二月のソ連共産党の第二〇回大会で「スターリン批判」が行われると、自由化を求める動きが各地に広まっていく。五六年六月にはポーランドのポズナンで暴動が起こり、共産党（統一労働者党）を除名されていたゴムウカが政権に復帰し、続いて十月に起きたハンガリーの首都ブダペストでの市民の反乱は、共産党（勤労者党）の一党支配体制を崩壊させ、ナジ・イムレの連立政権が成立したのである。

革命のきっかけは十月二十三日の学生たちの平和的なデモだった。「自由な選挙」とソ連軍の撤退を要求に掲げてはじまったデモ行進はやがて数千人の規模に膨れ上がる。彼らはブダペスト広場のスターリンの立像を引き倒した。翌日、学生たちは放送局に出向いて一六ヵ条の宣言を全国に向けて発信する。放送局の建物に集まった群衆に対して警備の政治警察が発砲したことが暴動の引き金となった。群衆は警察を襲って武器を獲得、労働者たちも工場を出てこれに加わって事態は本格的な反乱に発展した。最後には軍隊も民衆の側について、彼らに武器を引き渡した。もしソ連軍の介入がなければ、ハンガリーの「革命」は、内戦をともなうことなしに、体制変革を遂行していただろうとアレントは言うのである。

ハンガリー革命は、幅広い市民の自然発生的な運動からはじまった。そこには事前に明確なプログラムや方針もなく、際立ったリーダーも存在しなかった。反乱の直接の原因は、経済生活の困窮や商品不足への不満からではなかった。暴徒による掠奪《りゃくだつ》その他の犯罪行為は起きなかったし、体制側の人間に対する暴行やリンチも、秘密警察の幹部の公開処刑を除けばほとんど起きなかった。[2]要するに、反乱にともなって通常起こると予想される暴力、掠奪や暴行などの混乱は起きなかった。市民が自由を求めて抑圧的な体制を転覆する「革命」は、必然的に「暴力」をともなうわけではないし、「暴力」を用いなければ起こすことができないわけではない。フランス革命に対してアメリカの独立革命をアレントが高く評価しているのもここに理由がある。アメリカ革命を成功させたものこそ、人々が共同することによって生みだした「権力」だったのである。

「評議会」の形成

街頭で起こった自然発生的な反乱は、勢いの赴くままに放置すれば暴動に発展しかねない。一時の昂奮が収まって、人々が家や職場に帰れば、反乱は自然に収束していくだろう。だがハンガリーでは、街頭の共同闘争の中から革命評議会が生まれ、さらに各居住地区では近隣評議会、首都ブダペストを中心とする作家・芸術家評議会、大学では学生・青年評議会、工場には労働者評議会、軍隊や公務員などのあいだでも評議会が結成される。種々さまざまな集団から生まれてきた評議会が相互に連繫しながら政治的な意志決定と行動のための体制を短期間に作りあげていった。独立し、バラバラで種類も多様な組織・団体が、互いに結びついて調整を図りながら、地域の評議会、さらには地方の上級評議会を作りあげるのに、数日しかかからなかったのである。

こうした経過はアメリカの独立革命で起こったことと類似している。イングランドの植民地であった各州で地域の住民集会（タウン・ミーティング）が行われて、それを基礎単位にして州の政府が設立され、州の代表者会議による協議によって「合衆国」という連邦制の国家を作りあげる。さまざまな出自の住民が集合して互いに協力、共同し合うことによって一つの「連合体」を作りあげる過程を、ハンガリー革命は再現したのである。

「暴力」との対決

しかしながら、こうして形成されたハンガリー市民の「権力」も、ソ連の軍事力の前に解体される。十一月に入ると新たなソビエト軍の戦車、歩兵部隊がハンガリーに侵攻し、革命によって成立した新政権は崩壊したのである。民衆の「権力」と軍隊の「暴力」が正面衝突した場合、通常そこで勝利を収めるのは「暴力」である。

忘れてはならないのは、暴力は人数の多寡《たか》や意見にではなく、機器に依存しているということである。すでに述べたように、暴力の機器は他のあらゆる道具と同じく、人間の力量(strength)を増大して増幅する。ただ権力のみをもって暴力に対抗しようとする者は、自分が立ち向かっているのが人間ではなく、人間が人為的に作りだした制作物であることを思い知らされるだろう。その非人間性は敵との距離が開けば開くほど増大して、絶大な破壊力を発揮する。暴力はつねに権力を破壊することができる。銃身から生まれるのは最も効果的な命令であり、即座に相手を完璧に服従させることができる。〔だが〕そこからは決して権力は生まれてこない。(3)

すでに第2章で述べたように、「暴力」は、武器その他の装備などの機器によって拡大された個人の「力量」である。他人に暴行を加えるときに用いる腕力は、その人個人に帰属する固有の力であるから、一人の人間がいついかなるときでも使用することができる。腕力を延長するための道具としての武器も、個人が所有して、いつでも使用できる。これが複数の人間が協力しないと発揮できない「権力」との相違である。

「暴力」は肉体的な脅迫に基づく強制によって、時には物理的に行動不能にすることによって、人々が協力するのを阻止することができる。民衆のもつ「権力」は、彼らが連携することによってはじめて生まれる力だから、連携が断たれれば「権力」は自ずから消滅する。軍隊が行使する「暴力」と民衆の「権力」とが正面衝突すれば、その結果は「暴力」の破壊力が勝利する。民衆の側も「暴力」に訴えれば、そこでは破壊力に優るほうが勝つことになるだろう。

「暴力」を組織するためにも「権力」は必要

しかしながら、複数の人間で構成された集団間の闘争では、「暴力」がすべてを決するわけではない。スポーツの試合であれ酒場でのケンカであれ、一対一の個人間の闘争であれば、肉体的な腕力や状況を判断する知力や精神力、そして経験によって培われた個人の「力量」と運が勝敗を決するだろう。一方、複数の人間で構成された集団間の闘争では、個々の人間を相互に結びつけることが必要になる。反乱や暴動を鎮圧する警察や軍隊が優位に立つのは、強力な武器を使用するからだけではなく、集団的に行動するための規律を備えているからである。反乱の側に勝機があるとすれば、状況に応じた臨機応変の連携とそれを支える抵抗への強固な意志ということになる。いずれの側にせよ、一人ひとりの人間を互いに連携させるという「権力」の要素が、そこには入ってくるのである。

アレントの定義によれば、「暴力」は武器などの「道具」によって拡大・延長された個人の「力量」であるから、技術的な進歩の影響を受ける。(4) AIなどの技術の進展によって完全に自動化された強制装置や暴力装置が出現することになるかもしれない。しかしながらその場合にも、強制のための装置や設備を誰が管理するのか、保守・点検といったメンテナンスの作業は誰がするのか、さらに装置や機械の動力源や、武器の場合には弾薬などの補給をどうするのかという問題は必ず残る――近代戦争では武器や装置の生産・補給なしに戦闘は遂行できない。総力戦となった第一次世界大戦の後に、武器・弾薬からはじまって燃料その他の資源についての統制や共同管理によって戦争を抑制しようという軍縮をめぐる議論が出てくるのもそこに根拠がある。

体制側の「暴力」と民衆の「権力」が衝突する危機的な状況においては、軍隊や警察が反乱する民衆に対してどのような態度をとるか、発砲してこれを鎮圧するか、中立を保って事態を静観するか、それとも民衆の側につくかが決定的に重要になる。ハンガリー革命の場合には、国内軍は静観して、民衆の側に武器を引き渡した。こうして「暴力」装置をも掌握したかに見えた革命は、ソビエトの軍事介入によって挫折することになったのである。

権力の空白を埋めるのは誰か――パリ五月革命

ハンガリーの場合、革命勢力による権力奪取を最終的に挫折させたものは、ソ連の軍事力であったが、「革命」の失敗が必ずしも「暴力」による体制側の弾圧によるものだけでないことは、一九六八年のパリ五月革命の事例が示している[5]。

五月初めにパリ大学ナンテール分校の封鎖に対する抗議からはじまった学生反乱は、幅広い市民を巻き込んだ大規模なデモに発展し、学生たちはカルチエ・ラタン一帯をバリケードで占拠する。労働組合もこれを支持してゼネラル・ストライキを提起、抗議活動は、労働者や幅広い市民を巻き込んだ大規模な運動に発展していった。反乱は各地に広がり、五月二十日から二十一日には大規模なゼネストに八〇〇万人以上が参加、全国の交通網が麻痺する事態になる。二十四日、学生たちはパリ市庁舎を襲撃して、これを支持する市民のデモが「人民政府」を要求、これに対抗してド・ゴール大統領はテレビ演説で国民投票を提案するが、辞任を要求する声にかき消される。学生、市民、労働者が生みだした「権力」は体制の権力喪失状況をもたらしたのである。

だが、「革命」の側は政権を掌握することに成功しなかった。ド・ゴールは辞任を拒否して反撃に出る。五月二十九日、ド・ゴールは秘密裡に西ドイツのバーデン＝バーデンにあったフランス駐留軍司令部を訪問して、ジャック・マシュ将軍と会見する。マシュは、ド・ゴールを大統領とする第五共和制の成立のきっかけとなった一九五八年のアルジェリア独立をめぐる危機の際に、ド・ゴール支持を掲げて蜂起した駐留軍の指導者で、ド・ゴールとの会談では、反乱を起こした秘密軍事組織OASの逮捕者や逃亡者たちの恩赦が約束されたといわれている。ド・ゴールは、軍指導部の支持を取りつけた後に帰国、五月三十日のラジオ放送で国民に向けて演説を行う。そこでド・ゴールはあらためて辞任を拒否し、六月に予定していた国民投票を延期して、代わりに国会を解散して国民に信を問うと宣言する。その夜には数十万の支持派がパリのシャンゼリゼ大通りを行進したのを皮切りに、国民議会選挙に向けた運動の中で、ド・ゴール派が力を回復していったのとは対照的に、革命側の「権力」は急速に収縮していく。六月には労働者の大半は職場に復帰した。六月二十三日と三十日に行われた下院議会選挙では、ド・ゴール支持派の政党が二十三日の第一回投票で確定した一五四議席のうち一四二議席を獲得する。七八・六％という投票率は、議会選挙のボイコットを呼びかけた学生たちの声が受けいれられなかったことを示していた。六月三十日の決戦投票でも、ド・ゴール派は三一六議席中二九三議席を獲得して、圧倒的な勝利を収めたのである。(6)

既存の体制が「権力」を喪失して、「権力」の真空状態が生まれたときに、「権力」を掌握したのは革命勢力ではなくド・ゴールであった。もとよりそこには軍隊の支持があったけれども、最終的に彼が「権力」を取り戻すことができたのは、国民の支持を問う議会選挙の過程であった。まさに旧来の政治的代表組織である議会の選挙においてド・ゴール派の諸政党が支持を獲得することで、流れは決定的に既成秩序への回帰へと向かうことになる。革命勢力の側はこれに対抗しうる「権力」を生みだすことができなかったのである。

指導者の条件

「暴力」による抑圧は、民衆の「権力」を破壊することはできても、「権力」を作りだすことはできない。体制が「暴力」に訴えるのは、その体制が国民の支持を失って、「権力」を喪失している証拠である。そのようなときに反乱側が「暴力」に訴えるのは、不必要であるばかりか、支配層の死に物狂いの「暴力」や混乱を招くだろう。したがって「革命」を「暴力」による体制転換として定義するのは正しくない。

実際に成功した革命では、体制側が権力を喪失して、権力の「真空状態」が生まれたところに、革命勢力が既存の支配勢力に取って代わっている。(7) 最初は少数でも結束した集団が、行政・軍事・経済のネットワークの中枢である首都を占拠する。体制側が「権力」を喪失して機能不全になっているからこそ、そうしたことは可能になるのである。

もちろん、早急に人々の支持を獲得しなければ「権力」を掌握したことにはならない。明確な意思表示に基づく支持であれ、暗黙の支持であれ、広範な国民の支持の裏づけがなければ、安定した政権を確立することはできないし、他国からの対外的な承認を取りつけることもできないだろう。

革命が成功するかどうかは国内の支配関係や力関係の問題だが、アメリカの独立革命やハンガリー革命がそうであったように、その原因には多かれ少なかれ対外的な要因が関わっている。外国の内政干渉や旧支配勢力への支援は内戦状態や混乱の継続の主要な原因でもある。早急な秩序の回復のためにも外国の承認を獲得して、正常な人的・経済的な交流を開始することは急務となる。

そのためには、革命集団とそのリーダーが幅広い国民から認知され、承認を受けることが第一に必要となる。第一次世界大戦で帝政ロシアが崩壊した後に成立した臨時政府を打倒してレーニンらボリシェヴィキが権力を掌握することができたのは、彼らが堅い規律で結束した組織集団であっただけでなく、革命指導者たちの多くが、顔と名前がよく知られた存在であった——その意味においてすでに公的な存在だった——からである。彼らは権力を奪取した後のソビエト大会で、領土の無併合・無賠償の即時講和を提唱した。これによって、厭戦気分が広まっていた民衆からの支持を取りつけることに成功したのである——これに対して、ボリシェヴィキによって打倒されたケレンスキーの臨時政権は、戦争の無理がたたって旧体制が崩壊したにもかかわらず、西側連合国の後押しを受けて戦争を継続しようとしていた。

「政治」とは、多数の人々の前に公然と姿を現して、自らの理想を示し、弁舌などの説得力や行動力を競う営みである。秘密結社のような革命組織や陰謀組織が政権転覆のための軍事行動を起こしても、そのままでは「権力」を掌握することはできない(8)。

権力の真空状態の中で浮かび上がることになった革命集団が、いかにして人々の支持を獲得するのか。「評議会」のように、人々を結集させて「権力」を形成するための仕組みを組織するのか、あるいは上からの支持調達の手段として評議会やその他の組織を利用するにとどまるのか。第2章で述べた「評議会」と革命政党との関係があらためて問われることになるだろう。

「公的な幸福」への関心

アレントが注目するのは、革命の指導者となる人々の「公的な活動」への関心である。アメリカ革命の指導者たちは、私的な利益や生活を犠牲にして大義に殉ずるというような「自己犠牲的な理想主義」からではなく、公的な事業に参加することそれ自体がもたらす喜び、公的な場において互いに競い合うこと、公衆の前で注視されることがもたらす喜びのゆえに、その身を投じていったのである(9)。

もとよりそこには他者と競い合い、他より抜きん出たいという欲望が介在している。他者と対抗する情念こそがついには「万人の万人に対する闘争」をもたらすとホッブズは考えたし、ルソーはそれを受けて、自分と他人とを比較して差別化を図ろうとする「社交」を拒否して、自然の本性を取り戻した真の人間の共同体を構想しようとしたが、アメリカの革命家たちは、自らの活動の経験を通じて、そうした意欲が人々のあいだの共同関係を作りだす原動力であるということを認めていたのである。

「公的な場」での活動において、人は優れた意見を提示して人々を説得したり、決められた決定を巧みに実行したり、的確な指示を出したりすることでリーダーシップを発揮しようとする。そこには、他者との差別化を図りたいという欲望が働いていることは確かである——そうでなければ、誰もわざわざ公的な場に出て来はしないだろう。だが、そこで示される卓越は、自由な討論や共同の活動の中で、他人の評価を通じて結果として浮かび上がるものにすぎない。冷静に自分を見つめるなら、自分の「卓越」そのものが他者の評価に依存していることが分かるはずである。説得力や行動力を通じて指導的な地位を獲得したリーダーも、そこで生みだされた「権力」を自分自身の作りだした作品のように扱おうとしたり、仲間を自分の道具のように利用しようとすれば、それが虚構であることを思い知らされるだろう。

「公的な活動」はたんなる義務でも、他人のためにやむをえず引き受ける苦行でもない。「誰かのために」という発想は、「自分は世のため人のためにやっているのだから、傍観している他人にあれこれ言われる筋合いはない」という結論に行きつくだろう。アメリカの革命家たちは、そうした発想からは——あくまでも相対的にだが——自由だった。彼らは、共同の活動そのものが参加した自分たちにとって大きな喜びを与えてくれることを知って、それを「公的な幸福」と呼んだのである。公的な活動そのものが一つの喜びであるという、フランス革命の指導者たちも当初は共有していた観念は、その後の職業革命家たちのあいだでは薄れてゆくけれども、民衆の自発的な活動から生みだされた評議会運動とともに繰り返し現れてくる。彼らが共同して議論し、活動する中で本当の「権力」を生みだすことができたならば、活動にともなう喜びを多かれ少なかれ経験するはずだからである。一九六八年のパリ五月革命をはじめとする一連の学生反乱の中で彼らが経験したのも、そうした意味における「公的な幸福」だったとアレントは述べている。

根本的な問いは、いったい何が起こったのかということです。わたしの見るところでは、実に久しぶりに自発的な政治運動が起こり、それがたんに宣伝を行うだけでなく、行為し、しかも、その上ほとんどもっぱら道徳的な動機（moral motives）から行為したということなのです。普通なら権力や利害と考えられるものが動いているところにまったくめずらしい、この道徳的な因子が加わったことで、現代にとって新しいもう一つの経験が政治のゲームに登場したのです。行為するのは楽しいということが分かったのです。この世代が発見したのは十八世紀が「公的な幸福」と呼んでいたものですが、これは、人が公的生活に参加するときには、それ以外の場合には閉ざされたままである人間の実存のある次元が彼に開示されるのであって、何らかの仕方でこれがその一部となって完全なる「幸福」を構成するものなのです。(10)

学生たちは権力欲や利害関心とはまったく異なる「道徳的な動機」から、政治活動に飛び込んで、もっぱら支配のための手練手管としてしか考えられてこなかった政治の世界を刷新することになった。それは彼らが政治の場で活動することそのものに、何らかの道具や手段を超えた意義を見いだしたからにほかならない、とアレントは言うのである。

現実と向き合うこと

ただし、アレントが学生たちに求めているのは、社会に出て行く前の猶予期間を与えられた特権的な立場から、自由気ままに発言することではない。先に引用したインタビューの中でアレントは、西ドイツの学生を中心とした新左翼運動が「オーデル＝ナイセ線の承認」を正面から掲げていないことを厳しく批判している。

新左翼の困ったところは、自分たちのデモがもたらす結果以外のことには明らかに関心がないということです。〔「白色革命」といわれる上からの近代化を推進するイランのパフラヴィー国王が西ドイツを訪問した際に、彼らは大規模な抗議デモを行った。しかしながら、アメリカの支援を受けて行われる〕イランの国王の〔強権的な政策の〕問題とは違って、オーデル＝ナイセ線はすべてのドイツ国民に直接責任がある事柄です。その承認を求めてデモをして、この問題についての立場を明確にするということは、その実際的政治的結果にかかわらず意味のあることです。新左翼がポーランドとの新しい国境の承認について「も」〔他の問題と同様〕支持を表明していたとしても、それは何の証明にもなりません——これは多くの善良なドイツ人がしていることですが。重要なのは彼らがこの問題をプロパガンダの中心に据えたことは一度もないということです。それはとりもなおさず、彼らが現実的で直接に責任をともなう問題はすべて回避するということを意味しています。このことは彼らの理論にも実践にも当てはまります。[11]

第4章で紹介したように、アレントやその師であったヤスパースにとって、第二次世界大戦後に定められたポーランドとの国境である「オーデル＝ナイセ線」を認めることは、東西冷戦体制とドイツの分割という現状を踏まえて、隣国ポーランドとの戦後和解に基づく友好関係を樹立するために必要な第一歩であった。「オーデル＝ナイセ線」の承認は、たしかにドイツにとっては一八七一年のドイツの統一以来の国境の喪失であったが、これはソビエト・ロシアがドイツとポーランドとのあいだに対立を生みだすことによって東西の分断を永続化するために仕組まれた罠である。これを克服することによってはじめてポーランドとの友好関係、ひいては東西の緊張緩和や東ドイツの自由化への道も開かれるだろうとアレントは考えたのである。

西ドイツのヴィリー・ブラント政権（社会民主党・自由民主党連立）は東欧諸国との関係再構築をめざす「東方外交」の一環として一九七〇年十二月七日にポーランドとの国交正常化条約（ワルシャワ条約）を締結し、オーデル＝ナイセ線をポーランドとの国境として承認するが、保守派などの反対にあって批准は難航、ようやく一九七二年五月十七日に連邦議会はこれを批准する。オーデル＝ナイセ線は一九六〇年代末になってもなおドイツ国民にとってなかなか受けいれがたいものだった。しかしながら西ドイツの学生たちが現実にまともに向き合おうとするならば、この問題を避けて通ることはできない。ドイツの新左翼はアメリカの北爆（一九六五年）に反対してベトナム反戦を掲げ、六七年の第三次中東戦争の後には、アメリカ帝国主義に加担するイスラエルを批判してパレスチナとの連帯を謳うなど、非常にラディカルな態度で際立っているが、ドイツと自分たちが置かれた現実に正面から向き合っていないとアレントは言うのである。

それと対照的なのがアメリカの学生たちであった。アメリカの学生運動は早くから公民権運動に参加して実質的な成果を挙げてきただけでなく、ベトナム戦争にいち早く反対の声を挙げている。西ドイツの学生たちとは違って、彼らにとってベトナム戦争は決して他人事ではない。自分たちと同世代の若者がアジアの戦場に送りだされて命を落としている。そうした現実に対する異議申し立てだったのである。

理想主義の陥穽――ルソーと「憐れみ」

もちろんアレントは理想主義そのものを否定しているわけではない。学生運動の担い手の多くがそうであったように、その時々の体制に対する抵抗運動の担い手は、おおむね知識人、つまり教養と資産を備えた社会の中流から上流に位置する者たちであった――生活のため生計のための拘束から解放され、自由に社会や体制の改革のための思索に振り向けるだけの時間的な余裕が、およそ政治の営みの前提条件である――。彼らの理想主義はその時々の社会に対する批判や体制への抗議運動に大きな影響を与えてきた。アレントが拒絶するのは、たとえばフランス革命の指導者たちが声高に語る「民衆の苦悩」に対する同情や共感といった言辞である。

やがてフランス革命を遂行することになる人たち、貧民の圧倒的な苦悩に直面し、彼らに歴史上はじめて公的領域への戸口を開いて光を与えた人々――このような人々の心にルソーが巨大な支配的影響力を与えることができたのは、彼の教義のいかなる部分にもまして、この苦悩の強調のおかげであった。すべての人々を連帯させるというこの偉大な努力のために重要なのは、積極的に善をなすというよりは、むしろ無私、自分自身を無にして他人の苦悩の中に没入する能力であったし、最も危険で、最も憎むべきものは、邪悪さよりもむしろ利己主義であった(12)。

すでに述べたように、アメリカ革命の指導者たちは、現世の人間は堕落した存在であるとするキリスト教、とくにプロテスタンティズムの人間観に近い認識をもちながら、それにもかかわらず、そのような「罪深い人間」でも地上の世界で協力し合うことはできる、自由な市民の共和国を設立する上で、その人間の素性や由来は障碍にならないと考えていた。これに対して、人間の本質は善である、社会によって汚染された人間こそが邪悪となるのであって、自然本来の姿を取り戻した善なる人間こそが、真の共同体を作りだすというのがルソーの「自然人」の理論であった。『人間不平等起源論』でルソーはこう述べている。

自尊心を生むものは理性であり、それを強めるものは反省である。人間に自分を振り返らせ、また、人間を邪魔し悩ますすべてのものから人間を引き離すものは、反省である。人間を孤立させるものは哲学である。人が悩んでいる者を見て、「お前は亡びたければ亡んでしまえ、私は安全だ」と秘かに言うのは、哲学のおかげなのだ。哲学者の安らかな眠りをかき乱し、彼を寝床から引っぱり出すものは、もはや社会全体に関わる危険の外にはない。人は哲学者の窓の下でその同胞を殺したって哲学者にとやかく言われることもない。哲学者が、自分と殺される者とを同等に見ようとして心の中で反抗する自然を押しとどめるには、耳に手を当てて少々理屈をこねさえすればよい。未開人はそんな結構な才能を持ち合わさない。そして、知恵と理性がないため、彼はいつも深く考えもしないで人類の最初の感情に身を委ねる。一揆や街の喧嘩のとき集まるものは下層民であって、用心深い人はそっと敬遠する。喧嘩を分けて、紳士諸君が殺し合いをしないようにしてやるのは、下等な人種であり、市場の女房どもである。[13]

人間には自己保存の原理としての「自己愛」(amour de soi)と、同胞が苦しむのを見るのを忍びなく思う「憐れみ」(pitié)の感情が自然のままに備わっている。これらのいわば本能的な感情と、他人との比較によってはじめて生ずる「自尊心」(amour propre)とは似て非なるものである。[14] 人と比べて自分はどうだとか、自分はあの人より優れているなどと虚しく競い合うのは、人間が今の「社会」の中でその自然の本性を忘れてしまったからである。エスプリとウィットに富んだ会話で自分を際立たせ、出世や名声をめぐって競い合う「社交界」(society)は、堕落した「社会」の最たるものである。人間を小賢しく立ちまわらせて、堕落させるものこそ「理性」である。理性は人々が本性のままにもっているはずの「自然の声」を押し殺すのであり、哲学者はその代表者だとルソーは言うのである。

ロベスピエールらフランス革命の指導者たちの、民衆に対する視線も、ルソーの言う「憐れみ」から来ている。だが、「貧しい人々」に対する憐れみは、人々とのあいだに連帯を作りだせないとアレントは言う。

> 憐れみが同情の歪曲されたものだとしても、同情に取って代わるべきものは連帯である。人々が「弱い人々に引き寄せられる」のは憐れみからだが、彼らが抑圧され搾取された人々と利害関心を共にする共同体を慎重に、怒りや情熱を伴わずに（dispassionately）〔つまり公平かつ冷静に〕作りあげるのは連帯なのである。その場合の共通の利害関心は「人間の偉大さ」や「人類の名誉」、あるいは人間の尊厳である。連帯には理性、つまりは一般性が関与しているので、多数の人々を一般的な概念によって包括することができるからである。その多数者とは階級や国民、人民はもとより、最終的には全人類をも包括できる。だが、連帯を引き起こすのは苦悩であるかもしれないが、連帯を導くのは苦悩ではない。連帯は弱者や貧者と同じく強者や富者をも包括する。感傷的な憐れみに比べると、連帯は冷たく抽象的に見える。人々の「愛」よりもむしろ「観念」――偉大さ、名誉、尊厳――に関わっているからである。[15]

多数の人々と連帯するためには、彼らと共有できる理想、つまり一般的な言葉で示された理念がなければならない。人々を結びつけて連帯させるのは、虐げられた民衆の苦悩そのものではないし、民衆の苦悩に対する同情や憐れみの感情でもなく――それがどんなに抽象的に見えようとも――理性によって提示された理念なのである。

大審問官の「憐れみ」とイエスの「同情」

ここでの議論がいささか分かりにくい理由は、アレントが「憐れみ」(pity)と「同情」(compassion)を明確に区別していることにある。革命家はしばしば「民衆の苦悩」を口にするが、それは民衆に対する「憐れみ」の感情ではあっても、本当の意味での「同情」ではない。「憐れみ」と「同情」とは違うとアレントは言うのである。「憐れみ」と「同情」との相違を示す事例として、アレントが引き合いに出すのが、ドストエフスキーの『カラマーゾフの兄弟』に出てくる「大審問官」の逸話である。

小説中、無神論者の次男イワン・カラマーゾフが見習い修道僧の弟アリョーシャに語って聞かせる「大審問官」の舞台は十六世紀スペインのセヴィリヤ、異端審問の嵐が吹き荒れている時代に突然イエスが現れる。老審問官はイエスを捕らえてこう語りかける。

かつてお前が荒野で悪魔に誘惑された時のことを思い起こしてみよ。悪魔は三つの問いを投げかけてお前を誘惑した。[16] 第一に、目の前にあるこの石をパンに変えてみよ、第二に、今この高台から飛び降りて奇蹟を示してみよ、第三に、もし自分(悪魔)に従うなら地上の王国すべてをお前に与えよう、と。イエスは、「人はパンのみにて生きるにあらず」、「奇蹟を求めて主なる神を試すようなことをしてはならない」、「われらが従うのは天上の神ただ一人である」と述べてこれを退けた。それはお前が人間から「自由」を奪うことを望まなかったからだ。だが本当は悪魔のほうが正しかったのではないか。現実の人間は「自由」の重荷には耐えられない。自ら決断する責任を担うことはごく少数の者にしかできることではない。人々を不幸にしているのはお前が説いた「自由」である。人間には自由な能力が備わっているとお前は言うが、実のところその自由な選択から人は逃れたがっている。だからわれわれ、少数の者が人々を自由の重圧から解放してやることにする。われわれは人々にパンを与え、奇蹟と神秘と権威を示すことによって誰に服従すればよいかを教えてやる。そうすれば人はみな喜んでわれわれに付き従うことになるだろう、と。

能弁にイエスの「失敗」を語る大審問官に対して、イエスは黙ったまま彼の唇に接吻する。大審問官に接吻したのは、まさにイエスが大審問官の置かれた立場——民衆のために「自由の重荷」を肩代わりしようとする苦悩——に「同情」したからだとアレントは言うのである。

無言の人イエスの接吻が示しているように、「同情」は言葉ではなく具体的な行為において示されるところに特質がある。言葉にならない行為は、普遍的に適用可能な概念や基準によって律することができない。「同情」は具体的な状況における個別具体的な相手に対して、具体的な行為や振る舞いによってしか示すことができない。

これに対して、「大審問官」の「憐れみ」は、不特定多数の人々、奇蹟と救済を求めて自らの庇護のもとに集まる民衆に対して向けられている。そこでは個別具体的な人々の姿は消えて、多数の「不幸な者」「苦悩する者たち」だけが浮かび上がる。ロベスピエールをはじめとするフランス革命の指導者たちが見いだしたのも、——一般的な言葉によって一括りにされる——「貧しい人々」であった。

ロベスピエールを突き動かしていたものが同情の情熱であったとしても、彼がその同情を公の場に持ち込んだときには、憐れみに変質していただろう。〔すべての人に対して〕開かれた場では、同情は個別具体的な人々の特定の苦悩に向けられることはない。もともとはおそらく真正なものであった情熱は、圧倒的多数の群衆の無際限の苦悩に対応するような情緒(emotion)へと転化する。同様にして彼は、かけがえのない個別具体的な人々と関係を結び、彼らとしっかり繋がる能力を喪失してしまった。彼を取り巻く苦悩の大洋と、そうした苦悩を受け入れて応えようとして彼の内部で荒れ狂う情緒の海とは、政治的手腕や原理原則に対する考慮のみならず友情への配慮をも含めた、ありとあらゆる特殊なものへの考慮を呑み込んでしまう。ロベスピエールの驚くべき不誠実、後に革命的伝統の中で奇怪な役割を果たすことになる大いなる背信の前兆となったそれの原因も、彼自身の性格の特定の欠陥にではなく、ここに求められねばならない。フランス革命以来、革命家たちがリアリティ一般とそして具体的な人々のリアリティに対して、奇妙なほどに無感覚になったのは、彼らの感傷の無際限さに原因がある。革命家たちはそうした人々を、自分たちの「原理」や歴史の進路や革命それ自体の大義のために犠牲にするのに何の良心の呵責《かしゃく》も感じなかった。情緒で一杯でリアリティに無感覚だというのは、すでにルソーその人の行動、その現実離れした無責任と信頼性の欠如に顕著に示されているが、ロベスピエールがそれを革命の分派闘争の中に持ち込んだときに、重要な政治的原因となったのである。(17)

ロベスピエールが「同情」を多数の人間によって形成される公的世界の中に持ち込んだとき、それは「同情」から「憐れみ」へと変質してしまっていた。本当の「同情」は不特定多数の人々に通じるような「言葉」をもたず、ただ個別具体的な人間に対する身振りでしか示すことができない。不特定多数の人々に対して示される「同情」、その実体としての「憐れみ」は、それが感動的な言葉で語られれば語られるほど、特定の人間——自分の目の前にいて他の誰とも取り替えのきかない人——とのつながりからは疎遠になる。そうした個別具体的な人とのつながりを欠いてしまえば、後に残るのは「同情」への情熱でしかない。その情熱がどんなに純粋なものであったとしても、それは他者との関係、世界のリアリティから切り離されて肥大化した自我の内部にしか対象をもたない。「不幸な人民」に対する「同情」を情熱を込めて高唱する革命家が、目の前にいる人々の現実に無関心であるばかりか、彼らを革命のために犠牲にすることに寸分の良心の呵責も感じないという逆説がここに成立する。かくして「同情」の実体としての「憐れみ」の感情が政治の世界で権力を握り、利己主義と偽善に対する闘いを開始するとき、それは革命指導部を含めた「自己粛清」をともなうテロルに行きつくことになるだろう。ロシア革命以降の全体主義にまで連なる左翼のテロルの源泉はルソーの「憐れみ」から発しているとアレントは言うのである。

対外的危機との関係

アレントは、ロベスピエールらジャコバン派による独裁とテロルに行きついた決定的な転換が、対外的危機を契機として進行したことに注目している。ルイ一六世の処刑が「暴君」に対する反乱よりは、むしろ革命フランスを包囲する諸国に内通する「裏切り者」に対する処刑として行われたように、対立の争点は、君主政か共和政かという体制をめぐる対抗から、外国の侵略からいかにしてフランスを守るかという問題へと移行する。これはフランス革命の過程における決定的な転換点であった[18]。対外的な危機はフランスを結束させ、そこに一致団結する「人民」が現れる。この点でもルソーの理論は適合的であった。

ルソーの「一般意志」というのは、共同体を構成する個人の意志の総和ではない。個々人の個別意志は、時として共同体の真の利益に合致するはずの「一般意志」と対立する。今の人間はすでに社会によって堕落させられた存在である。人間が自然に与えられていた本来の姿を取り戻すためには、利己心を克服せねばならない。それによってはじめて真の共同体を作りだすことができる、とルソーは言うのである。

国民的な危機に対処して構成員が一致団結するためには、自己の「内なる敵」である利己心と闘わなければならない。かくして、国民的な結束の要請は、「内部の敵」との闘争、外部の敵と内通する王党派の摘発からはじまって、革命集団内部での「裏切り者」の摘発と「自己批判」のもとでの処刑というテロルの連鎖をもたらすことになる。

なるほど革命や体制変動の多くが対外的な危機を重要な契機としていることは事実である。[19] そもそも主権国家の存立それ自体が他国の承認に依存している。アレントのように「主権」の概念に留保をつけたとしても、政治体が一定の独立性を確保するためには対外的な配慮が必要である。しかしながら、外部に敵を想定することが、独立の必須の条件となるわけではない。およそ外部であれ内部であれ、敵の存在がなくても人は協力し合うことができるし、そこで生みだされる「権力」は、何かの敵に向けられたものである必要はない、むしろ敵など想定しないほうが大きな力を生みだすことができるというのが、「政治の文法」から出てくる結論であった。

注

(1) ハンガリー革命の経過についてのアレントの分析についてはアレント『全体主義の起原』英語版第二版（一九五八年）、第一四章の「エピローグ、ハンガリー革命についての省察」、前掲『アレント『革命について』を読む』、二一―五頁を参照。

(2) 十月三十日、共産党（勤労者党）のブダペスト本部への攻撃で建物を防衛していた二四名が殺害されている。前掲『ヨーロッパ戦後史　上　1945－1971』四〇四頁。
（3）前掲『暴力について』一四二頁。
（4）アレントにとって、「労働」と区別された「仕事」の特質は、「道具（tool）」の制作と使用にある。これは、人間の能力を目的意識性に見るマルクスの労働論の批判的継承である。人間は直接に果実や獲物を捕るのではなく、まず道具を制作する。そこでは最終目的とそのための手段との関係が明確に意識されている。「仕事」の産物である「道具」の本質は、人間個体のもつ「力量」の増加にある。「道具や器具は労働の労苦を大幅に緩和しうるが、それらを作りだすのは労働ではなく、仕事である。その産物は、消費の過程に属するのではなく、使用対象物の世界の重要な一部となる。ある文明の労働において道具の果たす役割がどんなに大きくても、仕事における道具の根本的な重要性には及ぶべくもない。どんな仕事も道具なしでは物を作ることはできないし、「工作人」の登場と工作物の世界の出現は、道具や器具の発見と時を同じくしている。労働の立場から見れば、道具は人間の力量（strength）を強化し、何倍にも増大させる。たんに材料だけでなく家畜や水力や電力などの自然力を支配下に置くようになったところでは、人間の力量そのものがほとんど道具や器具にとって代わられる」（前掲『人間の条件』一九五頁）。
（5）前掲『暴力について』一三八－一三九、一八八頁、追録一二を参照。
（6）吉田徹『居場所なき革命――フランス1968年とドゴール主義』みすず書房、二〇二二年、一三八－一三九頁。
（7）前掲『革命について』四一三－四一四頁の職業革命家の役割についての指摘を参照。
（8）「自分から公然と姿を現す」というこの「政治」の要件は重要である。「暴力」などの軍事的手段だけでなく、さまざまな脅迫や利益誘導を用いる「陰謀」は――「政治の営み」に大きな影響を及ぼすとしても――それ自体からは「権力」は生まれてこない。公開の場に関わるものであっても、情報操作などによる「世論」誘導、さらには市場その他の大量データ、インターネット、SNSなどの書き込みなども、多数の人々がそれを支持して行動しないかぎり「権力」を生みださない。

（9）前掲『革命について』第三章「幸福について」参照。

（10）「政治と革命についての考察」前掲『暴力について』一九八頁。

（11）同右、二二七頁。

（12）前掲『革命について』一二〇―一二一頁。

（13）ジャン・ジャック・ルソー『人間不平等起原論』本田喜代治・平岡昇訳、岩波文庫、一九三三年、七四頁。

（14）同右、原注（0）、一八一頁。

（15）前掲『革命について』一三二―一三三頁。

（16）『新約聖書』「マタイによる福音書」第四章。

（17）前掲『革命について』一三三―一三四頁。

（18）同右、一三六頁。

（19）アメリカ革命がイギリスからの独立戦争でもあったように、アメリカ革命もまた対外的な影響から自由ではなかった。自国の存立のために合衆国政府は一七七八年にフランスと同盟条約を締結している。にもかかわらず、対外的な脅威がアメリカの憲法体制に大きな影響を及ぼすことはなかったと言えるだろう。

第7章 「権威」の再建

「自由」の制度化としての憲法

体制に反対する人々の生みだす「権力」が、体制のそれを上回るようになったとき、体制転換は行われる。「暴力」による鎮圧は、人々の「権力」を一時的に減退させることはできるとしても、体制側があらためて人々の支持を調達しないかぎり、体制を長く維持することはできない。それにもかかわらず、戦争や内戦、民衆の蜂起などをきっかけにはじまる革命の試みは、「権力」の完全な掌握と新たな体制の形成に失敗してきた。これまで多くの革命が失敗してきたのはなぜか。それは、「憲法の制定」という課題を彼らが達成できなかったからだ、というのがアレントの答えである。憲法の原語である「constitution」に含まれている「構成する」という意味を込めて、アレントはこれを「自由の構成」(constitution of freedom) と呼んでいる。

新たに獲得された自由の構成にまでいたらないような反乱や解放ほど無益なものはない。(1)

ここで言う「自由」(freedom) は、たんなる圧政からの解放 (liberation)、既存の権力や支配からの自由ではない。自由を求めて人々が反乱を起こし、旧来の政治体制を崩壊させることができたとしても、「自由」を保障するような新たな体制を打ち立てることができなければ、いずれ反乱は鎮圧されて多かれ少なかれ抑圧的な体制が再建される。事実、多くの革命においては解放がもたらす騒乱が結果的には革命の敗北をもたらしてきたのだった。

そうした観点から、アレントは「公的な自由」(public freedom) と「市民的自由」(civil liberty) を区別している。普通「自由」と言えばまず念頭に置かれるのは「市民的自由」、すなわち政府の権限を抑制して市民の私生活や思想・信教の自由を保障することだが、アメリカ革命やフランス革命の指導者たちが第一に追求したのは、政治の世界に積極的に参入して、活動する「公的な自由」(public freedom) を保障するような制度を打ち立てることだった。(2) そのような意味における「自由」を明確な制度として実現したものこそ、古代ギリシアの都市共同体ポリスであった。

政治現象としての自由 (freedom) は、ギリシアの都市共同体の出現と時を同じくして生まれた。ヘロドトス以来、それは、支配者のいない政治的組織の形態のことを意味していた。そこでは市民は支配者にも被支配者にもなることなく共同生活を送る。この無支配 (no rule) という観念を彼らはイソノミアという言葉で表現した。古代人はいろいろな統治形態を列挙しているが、そのなかでイソノミアの際立った特徴は支配という観念（君主制 monarchy や寡頭制 oligarchy の archy に含まれているアルケイン［始める、支配する］の観念や民主制 democracy の cracy に含まれているクラテイン［力を行使する］の観念）がまったく欠けている点にあった。ポリスはイソノミアであって民主制ではなかった。「民主制」という言葉は当時でも多数派支配を意味していて、もともとはイソノミアに反対していた人々が作った言葉であった。反対者たちはこう主張したのである。「諸君のいう「無支配」とは実際には別の支配の形態にすぎない。それは最悪の統治形態、民衆（デーモス）の支配である」と。(3)

「民主主義」の原語となったギリシア語のデーモクラティアが、一人の支配である「君主制」や少数の者の支配である「寡頭制」と同様、「民衆」（デーモス）の「支配」（クラティア）を意味していたのに対して、市民がお互いに支配もせず、支配もされない政治体制のことを古代ギリシア人は「イソノミア」と呼んだ。人々が互いに自由を保障し合って、かつ自由に活動する状態、自由のための条件であるとともに、それ自体が自由な活動であるような状態、「自由の構成」というのはそのような状態を形成することであった。アメリカ革命の成功はそのような「自由の構成」としての憲法を制定したことにあった。

「権威」と「権力」の区別

もとより、制定された憲法も一つの法、相互拘束のための宣言や基準となるルールにすぎない。すでに述べたように法やルールそれ自体は強制力をもたない。「権力」の裏づけのないかぎり、法は無力である。しかしながら、相互拘束のための法は、人々を結びつけて「権力」を生みだすためのの——まったく何もないところと比べれば相対的に——確実な拠り所を与える。相互拘束のための約束としての憲法は、政治体を安定的に維持するために必要不可欠な存在なのである。

それでは憲法を人々が支持する根拠、憲法に正統性を与える究極的な源泉はどこにあるのか、これが「権威」の問題である。政治体制を安定的に継続させるための「権威」の所在について、独特の解決を編み出していたのが、ギリシアの都市共同体ポリスを継承しながら、それを独自のかたちに組み替えたローマの共和制であった。ローマの政治体制は、平民（プレブス）を代表する民会と、有力氏族（パトリキ）の代表からなる元老院とで構成されていた。民衆の権力（potestas）を、元老院の権威（auctoritas）が抑制するというかたちで、「権威」と「権力」とが制度的に区別されていたのである。

ローマ帝国の崩壊後、「権威」と「権力」の区別は、教皇の「権威」と皇帝の「権力」というかたちでヨーロッパ世界に継承される。そこでは、実効的な「権力」は皇帝を頂点とする君主や諸侯が担い、世俗権力の正統性を最終的に保証するのがローマ・カトリック教会とその長たる教皇であった。教皇と皇帝という二つの頂点を中心とする中世ヨーロッパの緩やかな共同体が宗教改革によって解体されて、主権国家のシステムに再編されるとともに、「権威」と「権力」との関係も大きく変容する。領土に対する排他的主権を獲得した君主は、解体されて低下した教会の権威を掌握するにいたる。王権は創造主にして絶対者である神から直接に委ねられたという神授権説はその表現であった。

しかしながら、それは崩壊した「権威」を再建しようとする最後の試みにすぎない。フランス革命の過程で絶対君主が処刑され、既成の「権威」とその源泉が完全に崩壊した後に、政治体制の正統性を十分に保証するに足る権威の源泉をどこに求めるか、この問題があらためて問われることになったのである。

創設による「権威」

フランス革命において、主権者たる人民を法の上に置くことによって問題を解決しようとしたのが、シェイエスの「憲法制定権力」の理論であった。これは絶対王制の主権の観念を継承して、君主の代わりを人民に担わせたものにすぎない。そこでは、法に正統性を与える「権威」と、実効的な「権力」とが「憲法制定権力」に一元化されている。およそ絶対的な「主権」という観念そのものが、人々の結合によってはじめて生みだされる「権力」の実態にそぐわない以上、これは根本的な解決にはならない。

フランス革命とはまったく別の解決を与えたのがアメリカ革命であった。アメリカの憲法においいては、法の担い手としての連邦最高裁と、立法の担い手としての議会とが明確に分離される。これによって司法は「権威」、立法は「権力」という区別が確立されたのである。

しかしながら、これで問題が完全に解決したわけではない。「権力」の担い手と「権威」の担い手を分離したとしても、およそ革命というものが既存の体制の「権威」を拒否して、人民に「権力」の源泉を求める以上、法とその担い手としての司法の「権威」といえども究極的には人民に由来するはずだからである。

それでは、アメリカ革命はこの問題をどのようにして解決したのか。アレントはこの問題を解くカギを、自由な市民の共和国の建設という行為そのものが生みだす独特の「権威」に求めている。

アメリカの建国者たちが自分たちの業績だと誇ることのできる大成功、すなわち、以後数世紀にわたる攻撃に耐えて生き残るような堅固な政治体制を新たに設立するという、他のどんな革命も成功しなかった事業を達成したという事実が決定的になったのは、憲法がまだ機能もしないうちから「崇拝」されるようになったその時からだ、と考えたくなる。アメリカ革命がそれに続くすべての革命と顕著に違うのはまさにこの点であるから、新たな共和国に安定性を保証したのは、不滅の立法者への信仰でも、「来世」に与えられる報酬の約束や処罰に対する恐れでもなく、独立宣言前文で列挙されている疑わしげな「自明の真理」でさえなく、設立という行為そのものに内在する権威であったと結論していいだろう。もちろんこの権威は、革命の指導者たちが彼らの法の有効性の根拠、新政府の正当性の源泉として必死に導入しようとした絶対者とはまったく異なるものである。(4)

およそ人間の行為の特質は、それまでなかった「新たなことをはじめること」にある。既存の伝統や体制を打破して新たな政治的共同体、それも市民の政治的な自由を本旨とする共和国を自らの力で打ち立てたという「建国の父たち」の業績に対する賞賛や驚嘆が、体制の基本原則たる「憲法」そのものを——その時々の政府と区別して——崇拝させることになったとアレントは言うのである。

もとより、生まれたばかりの「憲法」がその「権威」を確かなものにするためには、持続していくことが必要である。「権威」は、たんに時間的に継続すれば自然に生まれるのではなく、絶えず自己修正することによって獲得される。立法府たる議会によって行われた一連の憲法修正では、修正第一条の信教、言論、出版の自由に示される基本的人権に関わる条項、あるいは修正第一〇条、一一条のように連邦制の根幹をなす州と中央政府の権限に関わる条項などが定められて、憲法そのものが修正・拡充されていった。そのことが憲法そのものの「権威」を増大させる結果になったのである。

アメリカ憲法における「権威」の問題のこのような解決は、共和制ローマにおける「権威」と「権力」の区別と制度化の原理を継承するものであった。(5)

ローマの元老院を通じて、都市共同体ローマの創設者たちは現前する（present）。そして彼らとともに、創設の精神、すなわちそれ以降ローマ人民の歴史の基礎となった偉業（res gestae）の始まり、始原であり基礎となる原理であるという意味の「principium」もそこに現前するのである。権威（auctoritas）という言葉は、増大すること、増加することを意味する「augere」に由来するが、その語源の通り、権威は創設の精神の生命力、先祖が創設したものを増大、増加して、さらに拡大する力に依存している。この増大の切れ目のない連続と、そこに内在する権威は、ただ伝統によってのみ、すなわち、始めに設立された原理が後継者たちの絶えざる連なりによって継承されることによってもたらされるのである。[6]

ローマにおいて「権威」の担い手であった元老院は、ローマ建国の父祖とその継承者の代表とされ、建国以来の経験を代表する機関として、直接権力を行使する民会を制約していた。古代ギリシアが多数の都市共同体に分かれて互いに争っていたのに対して、ローマでは首都ローマとその建設がその「権威」の源泉とされて、事あるたびに父祖たちの偉大な建国の業績に立ち戻るかたちで、改変や修正が行われ、その結果としてローマの「権威」と「伝統」は形成されていったのである。そこでは「権威」はたんに過去からの伝統を継承するだけでなく、建国の理念を新たな事態に即して発展させ、「増大」させることを意味していた。アメリカの革命家たち、建国の父祖たちはこのローマの「権威」と「伝統」を、まったく新しいかたちで再生させたのである。

ベトナム戦争の合法性をめぐって

憲法がしかるべく遵守されて、そこに掲げられた理念が実現するためには、司法の側の慎重な解釈と適用がなければならない。とりわけアメリカの連邦最高裁における憲法問題についての判断は、憲法の実現とそれによる「権威」の維持・発展に重要な役割を果たしている。最高裁の判断が、その時々の政治や社会の状況変化に十分対応したものでない場合には、憲法の「権威」、ひいてはアメリカという共和国の「権威」そのものを揺るがすことになる。一九六〇年代の公民権運動やベトナム戦争に対する市民の異議申し立てにおいて、連邦最高裁の判断が重要な意味をもっていたのは、そのような文脈においてであった。(7)

一九六七年十月十六日、五〇〇〇人以上の市民がマサチューセッツ州ボストン市の中心部にある公園ボストン・コモンに集まってベトナム戦争に対する反対集会を開き、二八〇名以上の兵役忌避者が徴兵カードを燃やした。こうした反対運動の盛り上がりを受けてマサチューセッツ州議会は一九七〇年四月一日、合衆国憲法第一条第八節一一項に従って、議会が宣言していない戦争に州のいかなる住民も従軍を強制されないという法案を通過させて、ベトナム戦争の合法性に異議を申し立てる。アレントにとってこれは公民権運動と同様、たんに個人の内心に基づく「良心的兵役拒否」ではなく、広範な市民と連帯した「市民的不服従」の運動の典型であった。

これに対して連邦最高裁は同年十一月に六対三で訴えの審理を拒否した。立法府や行政府のある種の行為は、司法の担い手である裁判所の審理にはそぐわないという「政治問題の法理」がその根拠である。

アレントは連邦最高裁のこの判断を、アメリカの政治体制に本来なじまないヨーロッパの「国家主権」や「国家理性」の原則を裏側から導入するものだと批判している(8)。市民の自治集会であるタウン・ミーティングでの討論を基礎として地域から州をへて合衆国という「連邦」を構成するアメリカの政治体制の特質は、ヨーロッパの絶対王制の伝統に由来する国家の絶対的主権の原則や、国家は構成員の意思や利害を超えた独自の存在理由をもつという「国家理性」の原理とは本来異質なはずである。兵役を拒否してベトナム戦争の正当性を正面から問いかけた市民の訴えを、「政治問題」を根拠に連邦最高裁が退けたのは、アメリカの憲法体制の「権威」を揺るがす行為であるとアレントは見たのである。

もちろん司法機関である裁判所が拠り所とするのは法の「権威」であって、立法機関や行政機関が担う「権力」に対抗することはできない――国家間の紛争を扱う国際的な司法機関が主権国家の利益を損なうような決定を下すことができないのと同様である。その意味において、「権威」の担い手としての裁判所は、その時々の「権力」に対して慎重な態度を取らざるをえないことは確かである。しかしながら、とアレントは続けて述べている。

その国の既成の制度がまともに機能しなくなり、その権威が力を失うときには、たしかに緊急事態が間近に迫っているのであって、今日の合衆国においてもそうした緊急事態が自発的結社を市民的不服従へと転化させ、異議ある者たちを抵抗に駆り立てているのである。(9)

「市民的不服従」というかたちで現行の法や制度に対する明白な拒否が生まれてきているのは、今ある体制がすでにその「権力」を減退させてきている証拠であり、法の「権威」の喪失はそのことを顕著に示す。黒人問題の深刻化とベトナム戦争の泥沼化によって、アメリカはまさに「共和国の危機」に直面している。暴力の噴出や内戦の危機を回避して、アメリカの憲法体制がその「権威」を回復するためには、市民の異議申し立てに正面から答えて賢明かつ慎重な自己修正を行うしかない。それによって建国の理念は再確認されて、憲法体制の「権威」は維持されるだけでなくむしろ増大していくことになるだろう、とアレントは言うのである。

人々が協力して「自由な市民の共和国」を設立する。その設立行為を伝統として継承するという際の「伝統」は、たんに過去からの事物やルールの墨守ではない。そうではなく、初発の設立理念に絶えず立ち戻って法や制度を自己修正することによって、伝統とその「権威」は形成される。絶えざる自己修正こそが「共和国」の伝統を維持する。既存の伝統がすべて効力を失った後に、政治の営みを安定して保証するための枠組みをどのようにして作りだすのか、創設された制度にどのようなかたちで「権威」を与えることができるのか。この問題の解決の糸口を示したことにこそ、アメリカ革命最大の業績があったとアレントは言うのである。

ローマ・カトリック教会とユダヤ人の保護

「権威」は、既存の制度を維持するために必要なだけではない。一定の範囲内において、「権力」の不当な行使に対して人々の権利を保護する役割を担うことができる。アメリカの連邦最高裁などの司法機関がその筆頭にあげられるが、宗教的な「権威」の担い手としてのカトリック教会なども、「権力」に抑圧された人々の避難所として重要な役割を果たすとアレントは考えている。

ローマ教皇の「権威」を頂点としていた中世のキリスト教共同体が解体されて、近代主権国家の確立とともに教会と国家の分離が進められる。その結果、ローマ教会は、主権国家間の紛争や戦争については原則として中立の立場をとる一方で、信仰や儀式、聖職者の任免や叙階などについては国境を越えて存在する各国の教会に対する管轄権が保障される。その点で、国家に多かれ少なかれ依存するプロテスタント系の教会よりも独立性は高かった。

カトリック教会と教皇の「権威」が正面から問われることになったのが、ナチス・ドイツのユダヤ人迫害の問題だった。当時のローマ教皇ピウス一二世が、ナチスのユダヤ人迫害に明確な反対の立場をとらずに、彼らを見殺しにしたのではないか、というのである。

アレントも基本的にそうした批判に同意している。(10) ただし、教皇とローマ教会がナチスの迫害に直接抗議したり、抵抗することができたとは考えない。もし教皇と教皇庁がその職権に基づいて各国の教会に対して抵抗の指示を出していたならば、現地の政府やナチス当局にどう対応するかをめぐって対立が生じて、教会そのものが分裂していただろう。カトリック教会はキリストの代理人としての教皇を頂点とする権威主義的な組織だが、その階層制の影響力を過大評価してはならない。教会の「権威」は世俗の「権力」に正面から対決することはできない。それにもかかわらず、「権威」の担い手としてのローマ教会にはなすべきことがあったはずだ、というのがアレントの主張である。

一九三五年、ヒトラーのナチス・ドイツがニュルンベルク法を制定してユダヤ人の公民権を剝奪すると、ドイツのカトリック教会はこれに追随して、カトリックの洗礼を受けたユダヤ人はカトリック教徒にあらずとして普通の信徒とは別扱いにした。戦争が本格化した一九四一年にドイツからのユダヤ人の追放がはじまると、教会は「非アーリア系」、ユダヤ人または両親の一方がユダヤ人の「半ユダヤ人」の聖職者、司祭や修道女は「自主的に」他のユダヤ人とともに東部のポーランドなどの地域に赴くよう勧告した。彼らの多くがアウシュヴィッツなどの強制収容所で他のユダヤ人たちと運命を共にしたことは言うまでもない。

アレントが問題にしたのはまさにこの点である。ローマ・カトリック教会と教皇は、彼らが確保していた信仰の領域において、自分たちの信徒であった「ユダヤ系」の信者や聖職者を保護しなかった。それどころか、彼らがガス室に向かっていくまさにそのとき、最後の信仰の拠り所を彼らから奪ってしまったのである。少なくとも自らの信徒を保護するというこの点において、ローマ・カトリック教会と教皇は自らの責任を放棄すべきではなかった。「権威」の担い手は、自らが管轄する一定の範囲において、「権力」に抑圧された人々、民族的な少数者やその他のマイノリティなどを保護することができる。ここに「権威」のもう一つの効用があった。

国際連盟と民族的少数者の保護

国家から見捨てられた難民、いわゆる「無国籍者」が歴史の表舞台に登場したのは、最初の世界戦争であった第一次世界大戦の後であった。総力戦といわれる戦争による破壊は、家や生活基盤を失った避難民を大量に生みだしただけではない。それまで複数の民族を統合していたオーストリア・ハンガリー帝国、ロシア帝国、そしてオスマン・トルコといった帝国の崩壊は、故郷を追われ、どこの国からの保護も受けることのできない人々を大量に生みだすことになった。帝国の崩壊の後、民族自決の名のもとに新たな国民国家が設立されたが、多数の民族が入り乱れて居住していた東欧・中欧の地域では、どのように国境の線引きをしても、ある国では多数の民族が国境の向こうでは少数者となるという事態は不可避であった。戦争や経済的困窮、政治的な迫害などによって強いられた大量の難民の移動は、言語や生活習慣、宗教などを異にする民族間の軋轢《あつれき》を激化させる。対立の犠牲の中心となったのはユダヤ人であった。ロシア革命と内戦の混乱の中でウクライナやベラルーシ、ポーランドなど各地でポグロムといわれるユダヤ人虐殺が頻発する。ルーマニアなどの東南ヨーロッパでも反ユダヤ主義運動が拡大していく。大戦による帝国の崩壊がもたらした民族間の対立は、ナチスによる「ユダヤ人問題の最終解決」の土壌となったのである。

戦争によって破壊されたヨーロッパにおける民族間の対立と民族的少数者の保護という課題に直面したのが、第一次世界大戦後に設立された国際組織としての国際連盟だった。パリで締結された講和条約に基づいて成立した国際連盟は、講和条約によって新たに設定された国境を前提として、各国の政治的自立を保障することを主たる目的としており、国境を越えた民族間の紛争の調停には必ずしも積極的ではなかった——一国の内部での民族間の紛争は、その国の主権的な管轄事項である、というのがその理由である。[11] しかしながら、国の外に取り残された多くの民族的少数者の声を受けて、国際連盟は調停に乗り出すことになる。連盟の加盟国が他の加盟国内部の自民族の保護を訴えるだけでなく、当該民族集団にも訴えの窓口が設けられた。常任理事国である大国に関係する紛争に連盟は直接に関与できないという制約にもかかわらず、小国とその周辺の民族間の紛争の解決に関しては一応の成果を挙げることができたのである。

しかしながら、一九二九年の大恐慌の影響でナチスが勢力を伸ばし、やがて政権を握るようになると、ドイツとフランス、そして両国を仲介するイギリスの協調に支えられてきた国際連盟の紛争処理機構そのものが機能しなくなる。ナチス・ドイツによるユダヤ人の迫害、国外追放だけでなく、戦争と占領という力によって行われた強制移住によって生まれた大量の難民、自国の保護から排除された「無国籍者」に対して、国際連盟をはじめとする国際的な救済機関はほとんど役に立たなかったのである。

〔どの国家にも属さない〕彼らはどこであろうとポーランド人としての権利、ユダヤ人としての権利、あるいはドイツ人としての権利のために戦った。国際的な人権擁護団体に対する冷やかな侮蔑《ぶべつ》という点では、彼らはナチス・ドイツをはじめとする大国と一致していたのである。[12]

故国を奪われ、追放された人々の中で誰一人として「人権」を訴えた者はいなかった。彼らが拠り所としたのは、民族のつながりと亡命政府などであって、国際的な人権擁護団体に対する「冷ややかな侮蔑」という点では、ナチス・ドイツをはじめとする大国と共通していた。国際連盟は国家間の紛争を調停して、民族的少数者を保護するために必要な「権威」を維持し発展させることができなかったのである。

ちなみにアレントによれば、「権威」を失墜させる最も有効な方法は、抵抗や異議申し立てではなく、軽蔑し、嘲笑することである。

権威を維持するためには、その人間もしくはその役職への尊敬が求められる。それゆえ、権威の最大の敵は軽蔑であり、権威を傷つける最も確実な方法は嘲笑することである。[13]

国際的な人権擁護のための組織が無意味だと言うわけではない。それが国家の保護から排除された者の救済機関として機能するようになるためには、実績を積み重ねることによって人々の信頼と「権威」を獲得していくしかない。そのためには自己の管轄できる領域と時々の「権力」との間合いを慎重に見極めることが必要になるだろう。「権威」の担い手とさまざまな「権力」の担い手とのあいだで行われる境界の設定もまた、「政治」の営みの一つなのである。

教育における「権威」

「権威」が重要になるもう一つの事例としてアレントが挙げるのは、教育の領域である。

どんな人間組織も存続していくためには、新たな構成員を迎え入れて、世代交代を図っていかなければならない。自由な市民によって構成された政治共同体も同様で、自由な共同体であればこそ、生まれてきた若い世代を育て、外から新たに参入者を迎え入れて、共同体を共に担うに相応しい市民として育成しなければならない。それゆえ、古代ギリシア以来の政治学は、子供の育成と市民としての教育をその重要な課題としてきたのである——たとえばプラトンの『国家』はほとんど全編にわたって、男女の子供を市民としていかに育成するかという問題についての考察となっている。[14]この「教育」の領域においては、明確な「権威」をもった教師が存在する必要がある、というのがアレントの立場であった。

しばしば教育においても、子供に関することは子供たちの自治にまかせるべきであって、大人や教師の介入は最小限にとどめるべきだという議論がなされる。人間には互いに協力することによって何かを生みだす能力が備わっているというアレントの想定からしても、そうした能力の育成のためにも集団的な自治を学ぶことがまず必要だという結論が導き出されるように思われるが、こうした議論にアレントは否定的である。

集団の中の子供について言えば、もちろん彼の状況は以前よりもむしろ悪くなっている。というのも、集団のもつ権威というのは、たとえそれが子供の集団であっても、一人の個人が手にしうる最も情け容赦のない権威よりはるかに強力な暴政となるのが常だからである。一人一人の子供の立場からみれば、その子が集団の権威に逆らうチャンス、あるいは自分の裁量で何かをするチャンスは事実上ない。なるほど彼は、絶対的な優位に立つ人物〔教師や大人〕との不平等な競争からは免れているけれども、自分と同類だが他の子供の連帯を当てにできるような相手と競争しなければならない。つまり彼は、自分以外の全員が形成する絶対的な多数者に対して、たった一人の少数者として相対するという、絶望的な立場におかれている。たとえそれが外的な強制をともなうものではなかったとしても、そんな状況に耐えられる大人はまずいないだろう。まして子供がそれに耐えていける可能性は万に一つもない[15]。

現実の大人の社会と学校における子供集団とではその本質がまったく異なる。実際の社会は、あらゆる年齢の、しかも多様な階層や職業、場合によっては多様な民族、人種からなる人々が同時に存在して、さまざまな場所で出会う。これに対して、学校のような教育のための集団は、年齢別に構成された人為的な集団であり、たとえば学年間の接触や地域との交流など、どんな工夫を凝らしたとしても、仮想の社会にとどまる。そうした仮想社会における集団や自治に対する過剰な期待は、本来教師が向き合うべき一人ひとりの子供への配慮をおろそかにする危険がある。その結果もたらされるのは、大人も顔負けするような「多数者の暴政」である。

多数の意見が幅を利かせるという点で、子供の集団は大人の社会のそれと変わりがない。子供たちが未熟であればあるほど、多数者は力を振るうだろう。子供たちは学校の中で、いつ自分が少数者になって、多数者の攻撃の矢面に立たされることにならないか、怯えていなければならない。大人の社会でも多数の意見に対して異論を述べたり、数の支配に抵抗したりすることはなかなか難しい。まして子供の場合、抵抗の可能性はほとんど残されていない。子供集団が人為的に社会から切り離されるなら、一人ひとりの子供は、彼らを保護すべき大人たち、親や教師やその他の庇護者たちの目の届かないところで、絶えず「多数者の暴政」にさらされることになる。

近代教育理論の祖の一人とされるルソーの言うように、生まれたままの人間、自然のままの人間は、社会の害悪に染まっておらず、純粋無垢な存在かもしれない。だが、かりに純粋であったとしても——いやむしろ、純粋素朴だからこそ——、彼らが行う「無邪気な暴政」は、受ける側にとっては深刻な結果をもたらすことになる。学校の内外で行われるいじめが、その陰湿さや酷薄さにもかかわらず、加害者の側にとっては特段の悪意をともなわない——それゆえに罪の自覚も希薄である——ということはよくあることだ。学校が大人の社会から隔離された人為的な集団であるからこそ、そこに大人の社会における自治の原則をもち込んで、子供集団を放置するのは危険である。

子供時代ほど順応しやすい時期はない——その意味で子供は純粋に社会的存在だ——としばしば言われることがある。その理由は、子供というものはこの世界ではまだ異邦人であり、自分の判断で進む方向を定めることができないので、自分を導いてくれる権威を本能的に求めているからだ。両親や教師がこうした権威にならなければ、それだけ子供は自分の所属する集団に強く順応するだろうし、一定の条件においては同輩集団が最高の権威となることもある。(16)

「進歩的な教育」という幻想のもとに子供たちの「自治」にすべてを委ねるならば、「派閥の支配」や「多数者の暴政」が猛威を振るうことになるだろう。子供という存在が「純粋」であればあるほど、周囲に影響されやすく、いまだ自分自身の向かうべき方向も指針も確立していないからこそ、未知の「権威」に感化されやすい。「無邪気」な存在であるだけに、子供たちのあいだで生ずる「暴政」や「徒党の支配」は、大人のそれ以上に残酷なものとなるだろうとアレントは言うのである。(17)

教育と公私の区分

教育についてのアレントのこうした主張の背景には、公私の領域の区別がある。政治というのは共同体の構成員が平等なかたちで加わる活動であるから、すべての者が参加できる公開の場で行われる。誰に対しても等しく開かれた公的な営みと、万人の視線を避けて行われる私的な営みとは区別されなければならない。古代ギリシアから近代の国民国家にいたるまで、人間の生命の維持・再生産を保証するための活動としての労働と消費生活は私的なものとされて、おもに家によって担われてきた。そうした観点からみれば、生殖と出産からはじまる子供の養育や教育も私的な領域に属している。

子供は世界から保護されねばならない以上、彼らの伝統的な居場所は家族である。大人たちは外の世界から日々戻って、〔家の〕四つの壁で囲まれた安全な私生活に引き籠もる。その中で人々が私的な家族生活を送る四つの壁は、世界から、とりわけ世界の公的側面から私生活を守る防護壁なのである。壁に囲い込まれた安全な場所なしには、どんな生き物も生育することができない。このことは、子供の生だけでなく、人間の生全般にあてはまる。人間の生は、プライバシーと安全が保証されずにつねに世界にさらされるなら、その活力は破壊されるのである。(18)

人間が行う生命活動はあらゆる活動を維持していくための大前提である。それは公的な領域、すべての人に開放される公的世界とは区別されたところで行われなければならない。外から隠された領域で行われるべき営みが、不特定多数の者の遠慮のない視線にさらされるなら、それは本来の機能を損なうことになるとアレントは言うのである。

もちろん、公的な領域と私的な領域の区分は時とともに変化することをアレントは認めている。古代ギリシアやポリスと家（オイコス）の実体的な区別をそのまま今日にもち込むことをアレントは考えていたわけではない。古代において、家の領域で行われていた生命再生産のための労働と消費、そして出産などの活動は奴隷や女性によって担われてきた。それは、ギリシア人たちがそうした活動を「公的な視線から隠しておくべきもの」だと考えていたからなのであって、奴隷や女性が卑しいものだったからというわけでは必ずしもない。「公的なもの」と「私的なもの」の区別は、「大勢の視線から隠しておくべき営みか否か」に基づいている。

今日そうした区別は見失われつつある。女性の社会進出が進み、その活動範囲は私的な領域に閉じ込めておけるものではなくなるとともに、公的な領域での活動も性差の区別や差別なく評価すべきものとされている。どんな時代においても、人間が人間であるかぎり、公的な視線から隠しておくべきもの、私的な領域で保護しなければならないものは存在する、というのがアレントの立場だった。

植物の生命に限らず、生命あるものはすべて、暗がりの中から生まれてくる。自ら光の中に出ていこうとする自然の傾向がどんなに強くても、とにもかくにも成長するためには暗がりの中で保護されなければならない。有名人を両親にもつ子供がしばしば駄目になるのはまさにこの理由による。世間の評判は家の四つの壁に浸透して、私的空間を侵す。それとともに、特に今日のような状況においては、公的な領域の無慈悲な視線が関係者の私生活のすべてを洪水のように押し流してしまう。その結果、子供はもはや成長するための安全な場所をもてなくなるのである。子供たち自身から一つの〔公的〕世界を作りだそうとする時にも、まったく同様に生活空間の破壊が生ずるだろう。なるほど子供の同輩集団相互のあいだにもある種の公的生活は生まれてくることはあるだろう。もちろんそれは本物の公的生活ではないし、そうした試みそのものが欺瞞でしかないという点は措くとしても、子供、すなわち成長過程にあってまだ人間として完成していない子供が、公的な存在の光にさらされることによって有害な影響を被るという事実は残るのである(19)。

教育というのは子供が生まれて社会に出ていくまでの養育に関わる領域であり、本質的には私的な領域に属している。公的な場に登場する一人前の市民、肉体的に成熟するだけでなく自らの行動に責任をとることのできる大人になる前の「子供」は、公的な光を避けて保護されなければならない。これまで子供を保護してきた家がその機能を失っているとすれば、それに取って代わる何かがなければならない。公的な機関の援助が必要だとしても、公的なものと私的なものとの区別がどこかに引かれなければならない。そうした区別がなければ、「公的な世界」そのもの、誰もが等しく接することのできる領域が危うくなる。成長途上の子供をいわば裸のまま社会に放り出すことも、自発性を尊重するという名目で同輩集団という擬似的な公的領域に委ねて放置することも、致命的な結果をもたらすだろうとアレントは言うのである。

政治の課題としての「権威」の擁護

「政治の場」を安定的に存立させるためには、政治とその他の領域をしかるべく区別した上で、後者の領域には「権力」とは異なるそれぞれの「権威」を認めなければならない。教育はその典型的な事例だった。

近代世界における教育の問題は、教育はその本性上権威や伝統なしにはできないにもかかわらず、権威によって組み立てられてもいないし、伝統によって結び合わされてもいない世界の中で教育が進められねばならないという事実にある。しかしながら、このことは、教師や教育者だけでなく、われわれすべてが、子供や若者とともに一つの世界に生きている以上、彼らに対しては大人同士でとるのとは根本的に異なる態度をとらねばならないことを意味する。われわれは、教育の領域を他の領域、とりわけ公的・政治的生活の領域から明確に分離しなければならない。それは教育の領域にのみ相応しい権威の概念と過去への態度を適用するためである。ただし、それらの権威や態度は大人の世界では普遍的妥当性をもたないし、また普遍的妥当性を要求してはならないのである。(20)

これから大人の社会に参入していく子供たちに対して、教師はいわばその代表として、この世界についての知識、社会をめぐるさまざまのルールを教えなければならない。過去の経験を継承するという意味において教師の職務は本質的に保守的である。教師の「権威」はひとえに彼が大人の世界の代表であることに依拠しているのであって、それ以上でも以下でもない。教師がその「権威」を、大人の世界で発揮しようとするならば——子供の世界に大人のルールをそのまま導入しようとするのと同様——大きな混乱をもたらすだろう。大人の世界とその最たるものである「政治」の領域と、私的な営みの中心である家庭をはじめとして、社会のさまざまな分野や領域とをしかるべく区別することが、それぞれの領域が本来の機能を果たして、それにともなう尊厳や権威を保つための前提であると同時に、政治の世界そのものの存立の前提でもある。

問題は、そうした区別を誰がするかということである。超越的な存在や神秘的な存在が消滅した今日、過去からの伝統とそれに基づく区別に依拠することはできない。われわれは意識的にそうした区別を見いだしていかなければならない。公的なものと私的なものを区別すること、政治的な営みに関わる領域と、そこから守られるべき領域とを区別することそのものが、政治の重要な課題なのである。

注

（1）前掲『革命について』二二四頁。

（2）アレントによる政治的・公的な自由（freedom）と市民的自由（liberty）の区別は、ラテン語由来の「リバティ」と英語の「フリーダム」の用語法と完全に一致するわけではないし、語源的な由来を区別の根拠にしているわけでもない。「労働」「仕事」「活動」といった用語と同様、語源や通常の用語法を踏まえたアレント独自の概念設定である。

アレントの「公的な自由」と「市民的自由」の区別はアイザイア・バーリン『自由論』（一九六九年、小川晃一他訳、みすず書房、一九七九年）の「積極的自由」と「消極的自由」の区別とほぼ対応する。「消極的自由」を擁護して「積極的自由」のもたらす危険を強調するバーリンの議論は「公的な活動の自由」を重視するアレントとしばしば対比されるが、アレントも権力からの自由を軽視しているわけではないし、「積極的自由」の内に孕まれる危険に盲目だったわけではない。多数者の「権力」は少数者に対する抑圧をもたらすことをアレントは重視していることはすでに述べた。

アレントは『革命について』の中で、「政治からの自由」は「古代世界の没落以来われわれが享受している消極的自由（negative liberty）の一つ」であり、「この政治からの自由はローマやアテナイでは知られておらず、おそらく政治的な意味ではキリスト教の遺産の最も重要な部分なのである」と述べている（前掲『革命について』四四二頁）。

アレントにとって市民の生活と権利の擁護という「市民的自由」は、キリスト教の影響のもとで近代世界が達成した重要な成果であった。しかしながら、「消極的自由」を実現するためには、権力の不当な活動を抑制する活動がなされなければならない。「政治から放っておいてもらう」ためにも「政治」が必要なのである。政治的な「自由」を保障して、ひいては市民の私生活や行動の自由を守るために、拠り所となるのは何か。これが以下本文で述べる「権威」の問題である。

(3) 同右、四〇頁。

(4) 同右、三一八―三一九頁。

(5) 興味深いのは、古典古代の都市共同体でもギリシアとローマの相違を重視し、ローマにおける「権力」と「権威」の区別に注目している点で、アレントとカール・シュミットは共通しているということである。もっともアレント研究においてもシュミット研究においても、この論点はほとんど無視されているという点で共通しているのであるが。

(6) 前掲『革命について』三二一頁。

(7) 連邦最高裁の判決に対するアレントの立場は、ベトナム戦争の事例と、黒人問題の場合とでは一見すると対照的に見えるので、少しばかり註釈が必要だろう。

公立学校の人種分離教育は憲法修正第一四条の「法の下の平等」に反するとした一九五四年の最高裁の「ブラウン判決」に基づいてアーカンソー州教育委員会が進める人種統合をめぐって起きた「リトルロック事件」において、アレントは連邦最高裁のこの判決に疑問を投げかけている。後に本文で述べる教育および社会的平等をめぐる論点を別にすれば、問題は憲法修正と連邦最高裁の役割に関わっている。アレントは憲法修正第一四条の実現過程について次のように述べている。

修正第一四条の歴史は、法律と変化との関係について、おそらくとくに教示するところの多い事例だろう。この修正は、南北戦争の結果として生じた変化を憲法の条項に翻訳しようとするものであった。この変化は南部諸州には受け入れられなかったので、その結果、人種平等を定めた条項はおよそ一〇〇年間実施されてこなかったのである。法律によって変化を強制することはできないことを示すもっと印象的な例は、もちろん禁酒に関する修正第一八条であって、これは実施できないことが明らかになったので廃止されたが、修正第一四条のほうは最高裁判所の法的行為によって最終的に実施されることになった。しかしながら「最高裁判所には人種的平等を否定する州法に対処する明白な責任」が常にあったということはできるかもしれないが、最高裁が実際に対処するという決断をしたのは、公民権運動が——南部諸州の法律に関するかぎり、これは明らかに市民的不服従の運動だった——黒人市民と白人市民の両方の態度を劇的に変化させた後にすぎないというのも明白な事実なのである。(「市民的不服従」前掲『暴力について』七四頁)。

法とその「権威」の担い手である司法機関は、それ自体の力では「権力」を抑えることはできない。「権力」が生みだした状態を法的に認証して「正統化」すること、たとえば公民権運動が運動の力によって実現した平等、あるいは差別的な法の撤廃を、事後的に承認することによって法的な権利を確認することはできるけれども、事態の変更そのものはあくまでも人々が生みだした「権力」による。

そうした観点から見れば、連邦最高裁判所がその司法的判断によって、人種統合教育の実現を積極的に推進することには自ずと限界がある。なるほど司法は、個人の権利を保護する最後の拠り所としての機能をもっている。特定の個人や少数者——数の上だけでなく社会的、経済的に劣悪な地位に置かれている人々——に対して権利の平等という観点から、その是正を政府や自治体その他の組織に勧告することはできるし、権利の内容によっては強制的に執行することもできる。しかしながら、たとえば州議会などの、それぞれの地域や単位での構成員の多数の人々を代表する機関、それぞれの場所で十分な「権力」を有している組織の決定や意志を抑えて、特定の政策やその変更を強制することのできる機関ではない。したがって司法機関がその領分を超えて、地方の住民を代表する機関が責任を負うべき領域に介入するならば、州政府の「権力」に対抗して、法や政策の変更を強制する「権力」を裁判所はもたないから、それは司法の「権威」そのものを失わせる危険がある、とアレントは考えたのである。

(8) 前掲「市民的不服従」『暴力について』九三頁。

(9) 同右、九四頁。

(10) ハンナ・アレント「『神の代理人』——沈黙による罪?」前掲『責任と判断』所収。

(11) 第一次世界大戦後に独立したポーランド、チェコスロバキア、ユーゴスラビア、新たに領土を獲得したルーマニア、ギリシアと締結される諸条約、ならびに敗戦国オーストリア、ハンガリー、ブルガリアとの講和条約には「民族少数者」保護の規定が設けられた。これがヨーロッパにおける「民族少数者」問題をめぐる国際連盟の調停の根拠の一つとなる。ただし、植民地を喪失し、東欧との国境修正で領土を割譲するドイツとの講和条約には「民族少数者」保護条項は入っていなかったし、常任理事国となる大国イギリス、フランス、イタリアに「民族少数者」保護の義務が条約によって課されることはなかった。

(12) ハンナ・アーレント『全体主義の起原 2 帝国主義』大島通義・大島かおり訳、みすず書房、二〇一七年、三〇八―三〇九頁

(13) 前掲『暴力について』一三五頁。

(14) プラトンの『国家』は第五巻で提起される「女性と子供の共有」や「哲学者による統治」が有名だが、その前提には、「国の守護者」となる素質は「男女の区別なく」備わっている——言いかえれば、男であれ女であれその素質は個人によって差がある——という想定がある。だからこそ「男女の区別なく」すべての子供は共同して育成し、「国の守護者」となるべき人間を選抜するという課題が、理想国家形成の根幹となるのである。そこでは善悪の規準としての「イデア」を見極める技としての哲学だけでなく、共同体の防衛のための戦争の技術が「男女の区別なく」教えられなければならない。一人前の共同体の構成員として市民を育成するために重視されるのは体育、音楽・文芸で、そうした観点から最後の第十巻では、従来の詩（ホメロス）や演劇が批判されている。

(15) ハンナ・アレント「教育の危機」『過去と未来の間』引田隆也・齋藤純一訳、みすず書房、一九九四年、二四四頁。

(16) ハンナ・アレント「リトルロックについて考える」前掲『責任と判断』三八八頁（原文に従い、改行は省略した。以下同様）。一九五九年、南部アーカンソー州リトルロック中央高校での黒人と白人の人種統合をめぐって起きた紛争（リトルロック事件）について、アレントは雑誌『コメンタリー』の要請で論説を書き、連邦最高裁の判決やそれに基づいて人種統合教育を進める教育委員会のやり方に疑問を呈した。編集部はこの論説を掲載しなかったため、アレントは別の雑誌『ディセント』に発表した。発表当初から物議を醸したこの論説は、アレント研究者のあいだでは「取扱注意」の対象になっているが、議論の焦点が「教育」、そして「社会」という領域における差別と平等であることが往々にして見逃されている。この論説は、アレントが現実の出来事について、自分の理論的枠組みを用いて論じている点でも重要である。

(17) 紛争の渦中にリトルロック中央高校に入学した黒人生徒の一人エリザベス・エックフォードは、晩年の二〇〇二年に川島正樹氏が行ったインタビューで入学後の「高校内でのいじめに話が及ぶと、突然大きな声を挙げて泣きだした」という(川島正樹『アメリカ市民権運動の歴史』名古屋大学出版会、二〇〇八年、五〇頁)。エックフォードが高校正門前で白人分離主義者たちに囲まれた経緯や、メディアに発表されてセンセーションを巻き起こした写真についてアレントにはいくつかの事実誤認があることが今日では明らかになっているが、親の同伴なしに登校せよという教育長の指示に従って、心配する両親を後に登校し、群衆に取りまかれても気丈に振る舞ったエックフォードが、晩年になっても想いだしたくないのが校内での生徒集団内での熾烈な「いじめ」だった――もちろんそこには隔離主義者の親たちからの使嗾や援助がある――ことは、「教育」問題としてのこの事件についてのアレントの見方を裏づけている。当事者の立場からの証言としてリトルロックの九人の黒人学生の相談相手となったデイジー・ベイツの手記 Daisy Bates, *The Long Shadow of Little Rock: A Memoir*, University of Arkansas Press (Reprint) 2007 を参照。

(18) 前掲「教育の危機」『過去と未来の間』二五〇―二五一頁。

(19) 同右、二五一―二五二頁。

(20) 同右、二六二―二六三頁。

第8章 「社会」という領域と政治

さて、ここであらためて政治の前提となる「公的なもの」と「私的なもの」の区別についてのアレントの見方を整理しておきたい。というのも、近代になって「政治」の領域とは区別された「社会」という新たな領域が登場してきたことが問題を複雑にしているからである。

「社会」の勃興

古代ギリシア以来、政治の営みが行われる領域と、生命維持のため、生活のための営みが行われる家の領域とは劃然と区別されていた。家の壁によって四方を取り囲まれた空間、誰からも見られない領域で行われるのが私生活（プライバシー）であるのに対して、家と家のあいだの広場が「政治」の領域だった。人はそこで他人の前に公然と姿を現して、自らの意見を主張し、他人を説得しようと討論する中で、その弁舌を競い合う。他者と競い合い、他よりも優れているところを示そうとすることによって、人はその本当の姿を現すことができる。ギリシア人にとって、「政治」というのは「卓越」のための場だった。

古代ギリシア・ローマの思想や制度は中世ヨーロッパに引き継がれるが、そこでは家の延長線上に、すべてが組織される。家族あるいは氏族の血縁的・疑似血縁的なつながりが人々を結ぶ主要な絆となって、「政治」の営みも、もっぱら領主の私的な支配を通じて行われる――ヨーロッパ以外の地域でも、君主などの「政治的支配」は、おおむね家父長制を拡大した「家産制支配」というかたちで組織されている。「政治」の営みがヨーロッパ世界で本格的に復活するのは、封建領主の支配から自由な市民の共同体としての中世都市においてである。

そこでの市民の経済活動は、市場を通じて人々を結びつける新たなネットワークを形成していく。それまでもっぱら家共同体の内部で行われてきた経済活動、生命維持・生活のために必要な財やサービスを生産・調達するという営みが、市場という家から自立した領域で行われる。不特定多数の人々に対して開かれているという意味において、その活動は「公的」な性格を帯びてくる。

本来の「政治」の場と、「家」を中心とした私的生活の場のあいだに、半ば公的ではあるけれども、もともとは家で行われていた生活のための営みの場が登場する。市場を通じた経済活動によって新たに形成された領域、人間生活の公的な側面と私的な側面とを兼ね備えたこの領域を、アレントは「社会」と呼ぶのである。

社会という領域で重要なのはその人の優れた特性（distinctness：卓越）ではなく、所属する集団の差異である。集団は同じ領域にいる他の集団との差別化を図る（discriminate）ことで、集団としての自分たちを識別しなければならない。アメリカの社会では、人々は職業、所得、人種的な出自に従って集団を作り、他と自分たちを区別する。これに対してヨーロッパでは区別は階級的な出自、教育、身につけた作法によって行われる。個人の人格という点から見れば、こうした差異に基づく区別はいずれも意味がないが、社会という領域でその人の人格がそのものとして現れ出るかは疑問である。いずれにせよ、ある種の区別がなければ、社会は存在するのをやめるだろうし、自由な結社と集団形成という非常に重要な可能性も失われるのである。(1)

「政治」の領域の原則が「平等」であるのに対して、「社会」の領域の原理は「差別」、あるいは「区別」である。社会という領域において人は一定の基準で自分の同類とそうでない者とを識別して、区別する。ヨーロッパではその基準は、階級とそれにともなう出自や教育、作法であるのに対して、アメリカで区別の基準となるのは職業や所得、そして人種的な出自であるという違いがあるが、これらはいずれも社会の「私的」な側面である。

人が生きていくためには、何らかのかたちで私生活とその領域が確保されなければならない。不特定多数の人々の耳目から逃れて、安らぐことのできる隠れ場所を人は必要としている。誰もが等しく参入することのできる「公的」領域に対して、不特定多数の者を排除して、特定の者だけがアクセスできる領域が「私的なもの」であるとすれば、職業や階層、民族や人種などによる区別に基づく集まりは「私的なもの」になる。今日、家の壁に囲まれた領域が「私生活」の安全・安心と休息を与える場として十分に機能できないとすれば、人はその代替・補完として、一定の共通項を共有する者たちのあいだに生まれる親密な関係を求める。たしかにそれは特定の人間集団を排除する差別へと転化する可能性を含んでいる。しかしながら、それはあくまでも人々の自発的な結びつきによる。そうした集団の形成を政治的な権力が阻止するならば、自由な市民の自発的結社の可能性、政治の営みの場を支える「権力」形成の可能性そのものを閉ざしてしまうことになるだろう。

平等化の限界

自発的な結社と、それにともなう区別や差異を解消した後に残るのは、互いにまったく関係をもたない、関心をもたないバラバラの個人だろう。そうしたバラバラの個人の集積としての「大衆」こそ、全体主義の土壌であった。その意味において、「平等」という原則は、人間生活のあらゆる場面に適用すべきではないというのがアレントの立場である。

しかしこの平等という原則は、アメリカに特有の形態においても万能ではない。それは生まれながらの肉体的な特徴まで平等にすることはできない。平等化がそうした限界にまで到達するのは、経済的な条件や教育条件の不平等が撤廃されてからのことだが、そうなったときどんな危険が現れるかは、歴史を学んだ者ならよく知っている。すべての側面でますます平等になればなるほど、そして、社会のあらゆる側面に平等が浸透すればするほど、人は他人との相違にますます敏感に反応するようになり、生まれながら他人と外見が異なる人々はますます目立った存在になるだろう。

それゆえ、社会的にも経済的にも、そして教育においても黒人〔と白人〕の平等が実現されることによって、アメリカにおける有色人種に対する差別は緩和されるどころか、むしろ深刻なものとなることも十分考えられるのである。(2)

貴族などの身分的な格差がもともとは存在しなかったアメリカの社会においても、平等は万能の原則、社会問題を解決する万能薬ではない。経済的な発展とそれによって生みだされる富がより平等に配分されて、経済的な条件や教育条件による格差や差異がほとんど解消されたとしても、人種による差別はなくなるどころかむしろ深刻になる可能性がある。ヨーロッパからの移民で構成された北部の社会においても、新たな移民が入ってきた当初は出身地による民族的な差異とそれに基づくさまざまな差別が存在していた。外見はそれほど違わなくても話すのを聞けば、どこの移民かはすぐに分かる。そうした差別は経済的な条件や教育条件の改善によって次第に解消されていったが、黒人その他の有色人種の場合、話し言葉だけでなく外見的な区別とそれに基づく差別は、経済的その他の条件による格差がなくなったとしても解消されないだろう。その意味においては、黒人差別が深刻だといわれる南部よりもむしろ北部のほうが差別問題が深刻化する危険は大きいと、アレントは言うのである。

「社会」というのは、人々が自発的に特定の人々と親密で私的な――その限りで排他的な――集団を作って生活する領域であると同時に、他方では「公的な」側面、市場やその他のビジネスなどの場面で不特定多数の人々と接する「公的」な場でもあった。そこで生活を営むためには、不特定多数の人々の前に姿を現さなければならない。誰からも見られて、声を聞かれなければならない。公的な場においては、外見によって人を見分けるという「視認性」だけでなく、その話し声によって当人を区別する「可聴性」が重要な意味をもつことになる。平等化の進展は、むしろそうした差異に基づく区別を顕著にするだろう。ヨーロッパにおいても国民国家を支えていた階級社会が次第に解体ないし変容して、伝統や作法による区別が崩壊していけば、アメリカにおけるのと同様の差別が――言語や生活習慣の「目に見え」「耳で聞こえる」相違に基づいて――形成されるだろうとアレントは考えたのである。

社会的差別と政治的平等

したがって、社会的領域における差別や区別と、政治的・法的な平等とは相対的に区別しなければならない。社会における差別の問題に対するアレントの態度も、「社会」という領域のもつ混合的な性格、一面では排他的な「私的」領域であると同時に、原則として不特定多数の人々に開かれた「公的」領域としての側面をもつという二重の性質についての理解に基づいている。

アメリカでは休暇を過ごすリゾートが、しばしばエスニックな出自によって「制限されて」いるのは誰でも知っていることだ。こうした慣行に反対する人は多いけれども、これは自由な結社の権利の延長にすぎない。もし私がユダヤ人として休暇をユダヤ人の仲間とだけ過ごしたいと思うなら、それを妨げる正当な理由が誰かにあるなどとは考えられない。休日のあいだくらいユダヤ人を見たくないと思う人々を顧客とするリゾート施設に反対する理由がないのと同様である。「どんなホテル、レクリエーション・エリア、娯楽施設にも立ち入ることができる権利」などというものは存在しないのである。これらの施設の多くは社会という領域に属しており、そこでは人々が自由に結びつく権利、したがって他と区別する権利が平等の原則よりもはるかに有効なものとされているからである（これは劇場や美術館には当てはまらない。人々は互いに結びつくためにそこに集まるわけではない）[3]。

レクリエーションというのは、アレントによる人間活動の分類で言えば「労働」の一環になる。生命の維持と再生産のために必要なものを生みだして、消費するのが「労働」だが、今日と同じく明日も働けるようにするためには、睡眠だけでなく一定の休息を必要とする。休日や長期休暇でのレクリエーションやバカンスも、労働力再生産のために必要な活動である。

近代社会はおよそすべての活動、何かかたちのある事物を生みだして、人間の生活基盤を作りだすための「仕事」に属する活動も「労働」にしてしまう。そこでは、あらゆる事物があたかも食糧のような「消費財」として、日々大量に使い捨てられる。そうした大量消費こそが経済を維持、拡大していくために必要と見なされているところに、近代社会の病理の一つをアレントは見ているのだが、(4) そのような過剰な消費の問題は今は措くとしても、一定の休息や「余暇」は人間が生きていく上で不可欠である。そうした「余暇」の活動は基本的に私的な領域、すなわち、不特定多数の他者が土足では入り込めない領域で行われる。家族や親しい人々との親密なつながりは、「公的な活動」、万人注視の広場へ出ていくためにも必要な足場であって、これがなければ「政治の営み」も失われる。言いかえれば、どんな人間集団も私的生活の領域、いわゆるプライバシーの領分に関しては、不特定多数の人々の入場を拒否することができる。それがどんなに排他的な集まりでも、それ自体が犯罪的な意図や行為のための場でないかぎり、他者が介入する権利はないし、政治が平等の名において介入すべきではないと言うのである。

ただし、「社会」には、そうした私的な側面だけでなく、半ば外に開かれた「公的」な側面がある。公共交通機関や一般に開かれた食堂などの場所は、原則として平等に開かれなければならない。すでに述べたように、黒人を閉め出していたバスや食堂などを、人種差別に抗議する意味を込めて占拠することは、「市民的不服従」の活動の重要な一環であった。黒人と白人との隔離を主張する白人至上主義者たちの暴力による脅迫に直面しながら、基本的に非暴力での抵抗を貫いた公民権運動とその成果をアレントは高く評価している。どのような場所で、どのような手段をとることが可能かは、緊急性の度合いや、その他の手段の可能性といった条件によって異なってくるだろう。

そうした考慮を踏まえた上で、人種その他の差別は、とりわけそれが政治的・法的な平等の理念を侵害している場合に、すなわち、本来平等に扱われるべき政治的・公的な場面において差別的な取り扱いが存在する場合か、あるいは社会的な不平等や差別を撤廃する運動を政治や法が妨害する場合に問題にされるべきだとアレントは言うのである。

婚姻法の問題

人種差別の問題におけるアレントの立場をよく示しているのが、黒人と白人の結婚を禁止した南部の婚姻法の問題である。黒人に対する差別と分離はいたるところで行われているけれども、婚姻の禁止が法律で定められているのは南部の諸州だけである。だから南部の状況を変えたいと思うならば、まず婚姻法を廃止するべきだとアレントは主張する。

市民の自由の保障と、法の下での平等が憲法の大原則であるとすれば、異なる人種の個人の結婚を禁止する南部の法律はそれに著しく反するものであり、実際にその法によって深刻な被害をもたらしている。したがってその撤廃は喫緊の課題だと言うのである。

黒人差別の文脈でアレントが人種間の婚姻の問題を第一にとりあげたことについては、人種差別の撤廃という課題の中でどこまで優先度が高いのかという点で議論があるし——今日ではさらに、結婚という制度や、パートナーシップのあり方についての議論が加わるだろう。しかしながらそうした批判や議論が出ることは、裏を返せば、男女の性的結合の制度としての結婚というものが、生命と種の再生産という「労働」の領域と、人間個人の自由で平等な結合としての「政治」の両方に密接に関わる領域、その意味において「社会」の「混合的性質」を集約的に示すものだということでもある。

ひるがえって、「人種」間の優劣を信ずる人種主義者の立場からみれば、彼らが一番恐れるのは、黒人や有色人種が自分たちの生活圏に入ってきたり、学校に入ってくることではなく、自分たちの一族に「劣等人種の血」が混じることだろう。彼らにとって結婚という制度が重要なのは、異人種の血や遺伝子の混入を阻止して、血統の純粋さを保つための最後の砦《とりで》になるからである――もちろんそれは彼らが異人種の人間を性的享楽の対象とすることと矛盾しない。

アレントにとって、人種による婚姻規制はたんなる社会的な区別や私生活上の権利にとどまるものではない。それは自由な市民によって構成されるべき政治体の根本に関わる問題なのである。

これは非現実的な理論上の問題などでは決してない。それは半ば憲法上の原則の問題であって、多数決による決定や実行可能性といった考慮以前の根本原則の問題なのである。もちろんそれは市民の権利に関わっている。たとえば、軍役に就いているあいだにヨーロッパ女性と結婚した二五人ほどの黒人は、テキサス州の法律では犯罪を犯したことになるので、故郷に帰ること

ができないのである。(5)

すでに第4章で述べたように、アレントは「人種」の区別に基づく偏見と、イデオロギーとしての「人種主義」とを区別している。異なる集団に属する人々の外見や立ち居振る舞いに対する違和感や嫌悪感に、自分の生活圏が脅かされたり利益が侵害されるような事態が加わって、「街の治安を乱しているのは奴らだ。奴らを排除しろ」というかたちで差別は生まれてくる。そうした「偏見」であれば、人々の協力による「権力」によって少なくとも抑制することはできる――もちろん背景にある格差が解消され、劣悪な生活条件が改善されなければ、偏見による差別を根絶することはできない。異なる集団のあいだに生まれる違和感や嫌悪の根拠を「人種」の差異に求めるイデオロギーとしての「人種主義」は、人種間の対立を煽ることによって事態を深刻化させる。「奴らは劣等な人種だから排除しなければならない」「劣等人種に情けをかけたり、彼らを受けいれることは優秀な人種であるわれわれの生活・文化や伝統を堕落させ、崩壊に導くだろう」というようなかたちで、問題の根源を人種間の相違に還元すれば、行きつくところは「劣等人種」の隔離であり殲滅である。だからこそ、「人種主義」のイデオロギーとは正面から対決しなければならない。婚姻の問題は、人種主義者との対決の最大の焦点だったのである。

公私の区分の解体

人が他人と自由な関係を取り結ぼうとするとき、そこには選択と排除がある。われわれは、道行く人すべてと親密な関係をもつことができるわけではない。「すべての人を受けいれて愛することができる」のは、宗教的な達人か狂人——表現が不穏当なら、誰にでも憎悪を向けて、無差別に人を殺そうとする者と同様、「常軌を逸した」人間——だけである。

他方、誰からも注目されないこと、他人から無視されるどころか、存在さえも認識されないことほど、人を孤独にするものはない。だから人は、不特定多数の人々の視線から逃れる一方で、気心の知れた人とのつながりを求める——もとよりそうした場は一つとは限らないし、結合は永久的なものである必要はない。「社会」という領域は、そうしたつながりを求めて、不特定多数の人々が出会う場であり、選択と排除が行われる開かれた場である。

そこでの結びつきの手がかりとなるのは、言葉や立ち居振る舞い、それと密接に結びついた顔つきや体つきだろう。まずはそうした外見やそこから醸し出される雰囲気から、接触すべき相手かどうかを人は判断する。そこでの選択は同時に、自分と同じ特徴をもたない人間の排除でもある。その意味においては、あらゆる結合が、一定の差別と選別に基づいている。

政治の領域の原則が「平等」であるのに対して、社会の領域の原則が「差別」だとアレントが言うのはそうした意味においてである。「政治」がすべての者に対して平等に開かれるべき場であるのに対して、「社会」という領域において形成される人間集団は、たとえそれが人々の自由な結びつきによって生まれたものであるとしても、不特定多数の人間と自分たちとの区別と選別をすでに一定のかたちで含んでいる。それが政治の場における不平等な取り扱いや暴力的な排除にいたること——そうした排除の論理で人々を動員するイデオロギーの危険性——をアレントは問題にしたのである。

近代における「社会」の形成の原動力だった経済発展は、それまでの「公的なもの」と「私的なもの」との区別を根底から掘り崩していく。すべての者に開かれた市場は、ありとあらゆる種類の人間を巻き込んで、すべての活動を呑み込んでいく。もちろんそれは新しい出会いの可能性の拡大でもある。だが、すべてのものが経済的な効率や貨幣によって計られるようになれば、すべてのものは、いつでも取り替えのきく存在にすぎなくなるだろう。

「公的なもの」と「私的なもの」との境界線を解体するのは経済の発展だけではない。これまで「私的なもの」とされていた営み、家の中の隠れた場で行われていた私的な営みの最たるものである生殖と出産にはじまる生命活動、そして生活のための労働は、どちらも人間個人の肉体をその拠り所としてきた。科学技術の発展、生命・遺伝子科学や医療技術の進歩は、人間の肉体の内部で進行する生命過程にまで介入しはじめている。そうした状況のもとでは、もはや何が「私的なもの」「プライバシー」として個人に帰属するものか、区別の基準が不明確になってきている。

だが、公私の区分が見失われて、「私的なもの」を「公的なもの」の介入から保護するための障壁がなくなれば、政治的な活動の場である「公的なもの」を支えていた基盤もまた失われるだろう。

公私の区別のための基準をあらためて確定し、自由な活動の条件を保障すること、これもまた「政治」の果たすべき課題なのである。

注

（1）前掲「リトルロックについて考える」『責任と判断』三七七―三七八頁。
（2）同右、三七〇頁。
（3）同右、三七九頁。
（4）『人間の条件』第一七節「消費者の社会」、牧野雅彦『精読 アレント『人間の条件』』第Ⅲ章第七節「大衆消費社会という不幸」を参照。
（5）前掲「リトルロックについて考える」『責任と判断』三六四頁。

第9章　歴　史——起こったことに向き合う

政治的な行為としての「許し」

アレントにとって、複数の人間の行為の絡まり合いの中で行われる「政治」の営みは、その結果が予測不能であるという特質をもっている。「政治」の世界では、その当人が意図したとおりに事が運ぶことは、まずありえない。そこで起こった結果をなかったことにしたり、やり直したりすることはできない。人間は、他人との絡み合いの中で、自分の予想を超えて生じた結果と向き合って生きていかなければならない。ここでアレントが重視するのが「許し」という行為である。

行為の不可逆性に対する救済、人は自分が何をしているのかを知らないし、知ることもできないにもかかわらず、自分がしたことを元に戻すことはできない、という行為の困難を償うような救済策がもしあるとすれば、それは許すという能力である。〔中略〕許しは、過去になされた行為を元に戻すことができる。過去になされた行為の「罪」はダモクレスの剣のように後々の世代にまでのしかかるが、許しは人々をそうした過去から解放してくれるのである。(1)

およそ人間関係の領域においては、一人ひとりの行為はただちに他者に影響を与え、それが相手の行為を呼び起こす。しかもその波紋は無限に広がっていく。政治の領域が不確実かつ非常に不安定なのはそのためである。そこでは、誰もが自分の行為によって他人に思わぬ被害を与えることも、不可避である。だからこそ、起こってしまったことに向き合って、再出発するための「許し」が必要なのである。

ここでアレントの言う「許し」は、謝罪や賠償と引き換えに与えられる普通の意味の「許し」ではない。被害者には謝罪や賠償を要求する「権利」があるという想定からは、被害者と加害者のあいだに上下の関係が生まれる。被害者は、「罪の意識」を感ずる加害者に対して精神的・道徳的に優位に立つことになる。だがそれは、形を変えた「復讐」にすぎない、そこからは、本当の意味での「和解」は生まれてこない、というのがアレントの立場である。(2)

こうした観点から見れば、許しは復讐とは正反対のものである。復讐は、ある行為(action)によってなされた過ちに対する反作用(re-acting)だが、それでは最初の過ちがもたらす結果に終止符を打つことはできず、すべての者が過程にとらわれて、反作用の連鎖の進行を許してしまうことになる。復讐は過ちに対して自然に出てくる自動的な反応であり、しかも行為の過程は不可逆なので、あらかじめ予想がつき、計算することもできるのに対して、許しは決して予見することができない。それは、行為に対する反作用としてなされるものでありながら、予想もできない方法でなされるという意味で、まさに行為というものの本来の性質を保っている。言いかえれば、許しというのは、単なる反作用（re-act）ではなく、予想もできなかった新たなかたちで、しかもそれを誘発した行為に制約されずになされる唯一の応答（reaction）なのである。(3)

「やられたらやり返せ」という復讐の連鎖からは、本当の「和解」は生まれない。紛争の解決に「暴力」が根本的な解決をもたらさない理由はここにあった。復讐の連鎖がもたらす「暴力」の応酬を何度となく経験してきたからこそ、人は「暴力」に制約を課そうと試み、仲裁や法による解決を試みてきたのである。アレントが言う「許し」の要点は、そうした復讐の連鎖を断ち切ることにある。起こってしまった結果、取り戻せない過去を踏まえて、被害者も加害者も新たな関係を組み直さなければならない。加害者が過去の過ちや罪から解放されるだけでなく、被害者もまた復讐要求から解放されなければならない。すでに第1章で述べたように、たとえ過去に過ちを犯した「罪人」であっても、政治的な共同体を形成するのに何の支障もないはずだからである。

もちろん、相手によっては一定の処罰が必要なことをアレントも認めている。なされた罪に対して相応の処罰や賠償をすることが、加害者と被害者の双方を過去の行為と過ちから解放するならば、「処罰」は「許し」と同様の意味と役割を果たすだろう。

他方で、自ら犯してしまった罪を認めず、人間関係への復帰そのものを拒む者、関係そのものを意図的に破壊するものは、人間の世界から追放することもやむをえない。ナチスの犯した犯罪は、そのような意味で「根源悪」であった――そのかぎりにおいて、アレントは死刑を認めている。もっとも、そのような人間を世界から退去させるそれ以外の方法があれば、事情はまた別であるが。(4)

重要なのは、「許し」もまた人間が行う「行為」の一種だということである。人間には「予測不能」の行動、それまでになかった「新しいことをはじめる」という能力が備わっている。起こってしまった結果に被害者と加害者が共に向き合い、人間関係を「新たに」組み直す「許し」の具体的なあり方も、事前に決めておくことはできない。通常ならば復讐しか予想できない出来事に対して、予想もできなかったかたちで「許し」や「和解」は行われる。「復讐」が、なされた「行為」(action)に対する自動的な「反応」(reaction)だとすれば、「許し」というのはそのような「反応」とは異なり、本当の意味で「新たなことをはじめる」という「行為」の最たるものだとアレントは言うのである。

起こったことを記憶する

しかしながら、「許し」や「和解」によって新たな関係をとり結ぶことと、過去の出来事を忘却したり、抹消したりすることとは別である。複数の人間の行為が織りなす出来事とその連鎖の過程、結果の積み重ねが、われわれの歴史を形づくっている。新たな関係をとり結んでいくためには、過去の過ちから本当の意味で解放されなければならない。そうであるからこそ、過去の出来事、起こってしまった事実には正面から向き合わなければならないのである。

ひるがえってみれば、古代ギリシアの都市共同体ポリスは、人々がその卓越した能力を競う舞台であると同時に、なされた行為や言論を長く記憶するための装置であった。ポリスの役割について、アレントはこう述べている。

> ポリスの第二の機能は、〔中略〕行為と言論にともなう空虚さを救済する手段を提供することである。名誉に値するような行為が忘れ去られることなく、本当の意味で「不死」のものになる機会は、それほど大きくはなかった。ホメロスは詩人のもつ政治的役割の輝かしい事例であり、「全ギリシア世界（ヘラス）の教育者」だっただけではない。トロイ戦争のような偉大な企ても、数百年後にホメロスという一人の詩人がこれを不滅のものにしておかなかったら、忘れ去られていただろう。まさにその事実こそ、もし人間の偉大さを長く記憶にとどめておくのに詩人しか頼るべき者がいなかったら、どのようなことになるかを如実に示しているのである。(5)

古代ギリシアの人々にとって、「政治の営み」とは家を飛び出して行う危険に満ちた冒険であり、ポリスはいわばそうした冒険を衆人環視のもとで行う舞台として設立されたのだった。危険な活動であればあるほど、衰退して消え去るのも早い。だからこそ、彼らの行為や言論を長く記憶にとどめること、その功績を伝えるために特別の技能を発揮する詩人、ホメロスのような偉大な詩人がいなくとも、その記憶を伝えていくこと、これがポリスの役割であったと言うのである。

記憶されるのは、成功だけではない。政治の場でなされた発言や行為の意味は、勝利や敗北とは別のものであり、行為の結果が良いか悪いかに関わりなく残り続けるものであることを、ギリシア人たちは承知していた。

彼らにとって行為はただ偉大さという基準によってのみ判断できるものだった。普通に受け入れられているものを打破して尋常ならざるものに到達することにこそ、行為というものの本質はある。そこでは、普通の日常生活で正しいとされることは通用しない、存在するものすべてが唯一無二のもの、「独特のもの」(sui generis) だからである。(6)

政治の世界において絶えずなされる「新たな試み」は、成功することも失敗することもある。その結果の如何に関係なく、なされた行為とその結果として起こった出来事の「唯一無二の性質」こそが、記憶され、記録されるべきものとなる。まさに記憶されるべき行為と出来事を生みだすこと、ここに「政治」という営みの特質があった。

歴史の意味

人間の自由な行為の結果生ずる出来事の積み重ねとしての歴史には、何か進歩のような傾向性があるわけではない。ヘーゲルが人間の集合的な精神の発展として描いたような歴史の構図は存在しない。なるほど近代以降の自然科学と技術には飛躍的な発展が見られたことは確かである。マルクスは自然を作り変えていく人間の能力としての「生産力」こそが歴史の原動力だと考えた。しかしながら、複数の人間の行為によって生みだされる「政治」の領域においては、進歩や発展の明確な道筋は存在しない。少なくともわれわれはそれを知ることはできない、というのがアレントの見方だった。

ということは、言いかえれば、政治の営みの領域において、個人の能力の個別的な進歩はあるとしても、それを集団として継承して維持・発展させることは不可能だということでもある。人間のもつ政治的な能力とは何か、言論によって他人を説得する弁論の能力か、人々を結びつけて組織していく能力か、指導者としての人格的な魅力なのか、あるいは状況を冷静に見極めて的確な判断を下す能力を重視すべきか、その答えは「政治」の営みの本質をどこに求めるかによって違ってくるだろう。いずれの見方をとるにせよ、それらの能力は、何か数量的な指標によって測定できるものではない。能力の総量が過去から未来へと蓄積されていくようなものでもない。われわれの政治的能力は——個人的な資質としての力量においてであれ、集合的な「権力」においてであれ、後の世代に直接に継承されるかたちで――、進歩したり発展したりすることはない。それゆえに、われわれにできることは、政治の領域における経験を記録して、後の人々に伝えていくことでしかない。(7) 「評議会」を生みだした人々の結合が、自然発生的に、必ずしも何らかの直接的な因果連鎖がないかたちで間歇《かんけつ》的に生ずるとするならば、そうした経験を、明確な言語と概念によって表現することによって、後の人々の思考や新たな試みの手がかりを提供することはできるはずである。

アレントの言う「政治の文法」とは、過去の経験の中で人々が編み出してきた技法、人々が自由に結合し、お互いに自由を保障し合うための条件についての一連の知識のことであった。

注

(1) 前掲『人間の条件』四〇一―四〇二頁。

(2) これがニーチェの「ルサンチマン」論の継承であることはすでに述べた。

(3) 前掲『人間の条件』四〇六―四〇七頁。

(4) アレントにとって「根源悪」とは、「許し」や「処罰」によって対処できないような種類の悪である(『人間の条件』四〇七頁)。したがって、本書第5章で紹介したカントの定義する「根源悪」(誘惑に屈服する人間の根絶しがたい性向)とは意味が異なる。「許し」や「処罰」によって人間関係を再建できないような悪、およそ人間関係そのものを破壊する悪に対しては、極刑をもって人間世界から退出させる以外にないとアレントは考えたのである。この点についてはアイヒマンの死刑判決に対するアレント自身の支持理由を参照。『エルサレムのアイヒマン』三八二―三八五頁。

（5）前掲『人間の条件』三五一頁。
（6）同右、三六三頁。
（7）もちろん、政治の営みについての科学的な研究が無意味だというわけではない。政治的な決定やその実行の結果を一定の基準から測定したり――ただし、その基準の根拠は何かが再び問題になるが――、その結果に寄与・関与した要因を探り出すことによって、その時々の決定をなした指導者や関係者、あるいはその実現を支えた共同体構成員の能力とその性質を推測することはできるだろう。

第10章　真理の擁護――政治の境界を設定する

政治と真理の対立

しかしながら、まだ問題が残されている。人々の行為の結果を記憶して、後に伝えることが必要だとしても、起こってしまった事実が正確に伝えられるとは限らない。人々が生みだした「権力」は、時として事実そのものを隠蔽する力をもっているからである。

政治の領域と知の領域とのあいだに深刻な対立があることが意識されるようになったのは、「政治」の営みが市民の共同体としてのポリスというかたちで制度化された古代ギリシアにおいてであった。プラトンにはじまる政治哲学は、ポリスにおける政治の営みと哲学者による真理の探究との対立を背景として成立したのである。プラトンは対話篇『ゴルギアス』の中でソクラテスにこう語らせている。

おめでたい人だよ、君は。弁論術のやり方でもって、君はぼくを反駁《はんばく》しようとかかっているのだが、それはちょうど、法廷において反駁しているつもりになっている人たちがするのと、同じことなのだからね。というのは、あそこでも、一方の側の人たちが、自分たちの申したてる陳述について、数多くの、しかも名の通った人々を証人として持ち出しているのに、相手側の方は、誰かくだらない証人を一人しか、あるいはその一人さえも持ち出せないでいるような場合には、前者は後者を反駁したつもりになるものだからだ。しかし、この種の反駁は、真理に対しては、何の値打ちもないのだよ。なぜなら、人は時によると、数多くの、しかもひとかどの者と思われている人たちによって、偽りの証言をされて敗れることもありうるからだ。(1)

ここでソクラテスはアテナイ市民と対話する自分の方法と、法廷や広場で行われる弁論術とを対比している。「真理」をめぐる対話は、公的な場における弁論とはやり方がまったく異なる。裁判で勝つためなら、より多くの証人の証言を得なければならないし、広場での討論でも、多くの人々の支持を得るかどうかが重要となる。裁判や広場での議論であれば、声望ある人々の支持や、信頼できる人々の証言をどれだけ多く獲得するかが鍵を握るだろう。だが、とソクラテスは言葉を続ける。

たとえぼく一人になっても、君に同意しないつもりだ。というのは、君は論証の力でぼくが同意せざるをえないようにしているのではなく、ぼくに対して偽りの証言をする人たちを数多く持ち出すことによって、ぼくの財産である真理から、ぼくを追い出そうとかかっているからなのだ。しかしまた、ぼくとしては、君自身を、たとえ君一人ではあっても、ぼくの言うことに同意してくれる証人として立てることに成功しないうちは、ぼくたちの話し合っている事柄については、何一つ語るに足るほどのことも、ぼくはなしとげてはいないのだと思っている。しかしそれはまた、君の場合でも同じであって、もし君が、あの今あげたような他の証人たちをすべてお払い箱にして、ただの一人であってもこのぼくを、君のための証人とするのでなければ、君によってもまた、何事もなしとげられてはいないと思うのだ(2)。

政治の世界において重きをなすのは「真理」ではなく、多数の人々の「意見」である。人々はそこで人々の支持を獲得すべく弁論を競い合う。「真理」はそうした支持の多寡によって左右されるようなものであってはならない、というのである。

アレントはプラトンにはじまる政治哲学に対して批判的な態度をとっているのだが(この点については補論で説明する)、「真理」と「意見」との対立というこの点に関するかぎり、アレントの立場はソクラテス=プラトンと一致する。複数の人間のあいだで営まれる政治の世界は「意見」に依拠している。いかなる権力も同じ「意見」をもつ他者からの支持を必要とし、「意見」はその本質からして多様である。哲学の「真理」のようにすべての人に普遍的に妥当する「意見」など存在しない。そうであるからこそ他人の支持や「同意」が必要となる。これに対して、哲学の探究する「真理」は、多数の支持や同意には依拠しない。「真理」は支持者が多いか少ないかによってその正しさが証明されるわけではないし、世間の「意見」や、多数のものの生みだす「権力」によって左右されるものではない。他方で、複数の人間のあいだで行われる政治の領域で、絶対的な「真理」を求めて、それを直接に実現しようとするならば、政治という営みの条件は根底から破壊されることになる。その意味において、「真理」と「意見」とは相容れない。これが真理を語ろうとする哲学者が「政治の世界」では疎まれ、時には排除される根本的な原因であった。

政治における説得と同意

それでは多様な「意見」からどのようにして合意は形成できるのか。アレントはこう述べている。

政治的思考は〔他者を〕代表する。私は与えられた問題をさまざまな観点から考察することによって、ここにいない人々の立場を心の中に思い浮かべることによって、意見を形成する。つまり私は彼らを代表するのである。代表というこの過程は、どこか別の所にいて、世界に対して違った見方を抱いている現実の誰かの意見を盲目的に採用することではない。それは誰か他人になろうとしたり、他人のように感じようとするという感情移入（empathy）の問題でもなければ、頭数を数えて多数派に与するということでもない。私は私でありながら、現実には私がいない場所に身を移して思考するということなのである。与えられた問題について考えをめぐらしているあいだ、人々の立場を心の中に思い描いて、自分が彼らの立場であればどのように感じ、どのように考えるかについて想像できるようになればなるほど、代表して思考するという私の能力は強まり、最終的に私が到達した意見はより妥当なものとなるのである。(3)

政治的な対話の目的は、他人の見たまま感じたままに共感することではない。他人の感覚や感情を理解することなど実際には不可能である。他人の感情を「理解する」と称して人が行っているのは、結局は自分自身の感情や思考を他人に投影することでしかない。そもそも人は自分の心の奥底さえ計り知ることができない。だからこそそれは他人に公開してはならないプライバシーの領域に属しているのである。他人に対する安易な共感や感情移入ではなく、他者の意見をそのまま受けいれるのでもなく、あるいは逆に、自分の意見を相手に押しつけるのでもなく、他者の立場に身を置いて、幅広い視野から問題を検討することによって自分の「意見」を形成すること。「代表」というのはそのようなかたちで他者の立場を考慮した「意見」、多くの他者の支持や同意を獲得できる「意見」を形成することであった。自分自身の立ち位置を明確にしながら、他者の立場に身を置いた場合を想定してものを考えるというこの能力こそ、カントが『判断力批判』で発見した人間の判断能力だったのである。

しかしながら、「判断力」によって形成される「意見」は、それが自分の立場を一方的に主張したり、自分やその集団の利害のみを重視したりする粗野なものでなく、より公平で質の高いものであったとしても、「真理」と対立することになる。

人間の悟性は理性の真理によって蒙を啓かれ、意見は事実の真理によって知識を与えられなければならない。この二つの真理はいずれも曖昧なものではないけれども、透明ではない。光を当てられることを拒むのが光の本質であるように、真理はそれ以上の解明を拒むのである。(4)

真理は説得と納得に基づく合意の形成とはまったく異質なところに本質をもつ。相争う見解、多様な立場を踏まえて形成される公平な判断さえ退けるところが真理にはある。

プラトンにはじまる哲学の営みが政治に敵対的だとされるのは、ここに理由がある。多様な「意見」、異論を退けるものは、たとえそれが「真理」であっても、超越的なところから強制されるものに見える。政治の世界においては、すべては公開され、誰にも平明に理解できるものでなければならない。そうした観点から見れば、「真理」は光を退ける影の部分をもっている。真理のもつこの「独特の不透明さ」に、「真理」と「意見」、哲学と政治との対立の根拠はあった。

ソクラテスの方法

それでは「意見」、より多くの同意を獲得した意見が求められる政治の世界に対して、哲学者はどのようにして「真理」を説いたらいいのか。ここでアレントが注目するのがソクラテスの方法である。ソクラテスにとって、「不正を行うよりも不正を蒙るほうがいい」、自分が他人に対して不正な行いをするくらいなら、他人から不正をされたほうがましであるという命題は、たんなる彼個人の「意見」ではなく、すべての人に当てはまる「真理」であった。なるほどそれは理屈の上では正しいかもしれないが、そのような命題に人はなかなか従うものではない。自分にはさまざまな事情がある。それは一つの「意見」にすぎないのではないか、と反論するアテナイの市民たちに対して、ソクラテスはどうしたのか。アレントの答えはこうである。

ソクラテスは自分の生命をこの命題の真理に賭けようと決意したのである。すなわち彼は、アテナイの法廷の前に姿を現したときではなく、死刑を逃れるのを拒否したときに、自ら模範を示そうとしたのである。そして実際、模範を示すことによる教えこそは、誤解や歪曲を受けずに哲学の真理を「説得」する唯一の方法なのである。そしてまた同様に、模範というかたちで自らを明白にしめそうとするときにはじめて、哲学の真理は「実践的」となり、政治の領域の規則を侵害することなく行為を鼓舞することができるのである。(5)

「真理」を他人に納得させるためには、自ら実行して示すしかない。だからこそソクラテスは、――法廷の場で力を尽くして自分の立場を示した後に――下された不当な判決に対して、国外に逃亡せよという友人クリトンの勧めを拒否して、毒杯を飲んだのだとアレントは言うのである。「模範を示す」というこのやり方こそ、哲学の真理や倫理的な原理原則を多くの人々に納得させる唯一の方法であった。

「事実の真理」の脆弱性

生命を賭して真理を証明しようとするソクラテスのこのやり方は、アレント自身も認めているように相当に際どい方法であって、真理を証明する方法としては、一般的に推奨できるようなものではない——その上、今日ではどんなに大胆な哲学的主張でも、自分の命を賭けるほど真剣なものとは考えられていない、とアレントは言う。それでも哲学的な「真理」には、模範を示すというかたちで他人を説得する道がかろうじて残されている。これに対して、起こった事実を証明するためには、そうした方法を適用することはできない。ここに「事実についての真理」に特有の困難がある。

哲学の真理とは反対に、事実の真理はつねに他の人々に関連している。それは多くの人が巻き込まれている出来事や状況に関わり、目撃者によって確認されるのであって、「彼らの」証言に依存している。たとえ私的な領域においてであっても、そこで起こった出来事というものは、それが語られるかぎりにおいて存在する。それは本性上政治的なのである。したがって、事実と意見とは区別されなければならないが、互いに敵対するものではなく、同じ領域に属している。事実は意見に必要な情報を与える。意見はさまざまな利害関心や情念に煽られてまったく異なったものになることがあるが、それでも、事実の真理を尊重するかぎりそれらは正当なのである。事実に関する情報が保証されず事実そのものが争われるようになるならば、意見の自由など茶番である。言いかえれば、理性の真理が哲学的思弁に必要な情報を与えるように、事実の真理は政治的思考に必要な情報を与えるのである。(6)

人々との関わりにおいて生じた出来事やその周囲の条件に関する「事実」は誰かの「証言」によって確かめられなければならない。事実は複数の人々によって構成される公的世界の基礎をなすと同時に、他方でその事実の「存在」は公的世界でなされる「証言」によって保証される、その意味において事実そのものがある種の選択と解釈に依存している。もとよりそれは事実の存在を否定するものではないし、「事実」とその解釈や「意見」との境界を曖昧にしたり、事実を任意に操作することを許容するものではないけれども、「事実の真理」はそれ自体として自明な事柄ではない。対立する意見に反対するのと同様のしかたで、事実の真理性を疑うことは容易である。

その上、事実の証拠は目撃者の証言によって確認されることになるが、そうした証言がどんなに信頼できないものかは周知のことである。証拠となる記録や文書、モニュメントはどれも偽造を疑いうるものばかりである。〔その信頼性について〕争いが起きた場合に頼ることのできるのは別の目撃者だけであり、第三審や上級の裁定機関に訴えることはできない。そして裁決は通常、多数決という方法、つまり意見をめぐる論争を解決するのと同じ方法で下されるが、この方法は〔事実の真理の解決方法としては〕まったく不十分な手続きである。というのも、多数の証人が偽証することを防ぐ手だては何もないからだ。それどころか、状況によっては多数派に属していたいという感情によって偽証が助長されることさえありうる。(7)

事実の存在が証言に依拠するという点において、その信頼性は証人や証言の多寡に左右される。つまり「意見」と同様の政治的な方法によって事実の真偽の判定は左右されることになる。多数の者の敵意にさらされ、多様な「意見」の攻撃を受けるという点においては、「哲学の真理」と同様の弱点をもつとともに、「事実の真理」にはさらに不利な条件がある。

彼の語る真理はいかなる超越的起源ももたず、また、自由、正義、名誉、勇気といった政治の原理がもつ相対的に超越的な特質さえももたない。これらの原理はいずれも人間の行為を鼓舞し、その行為のうちに表されるものである。(8)

哲学や宗教の真理であれば、絶対的な真理、超越的な真理としての権威や神秘性を何ほどか帯びている。そうした真理に進んで耳を傾けようとする者にとっては説得力をもつだろう。自由や正義、名誉や勇気といった原理や特質は、超越性や絶対性という点では哲学や宗教の真理には劣るけれども、公的世界・政治の世界で他人を説得する上では大いに有効性を発揮する。

これに対して「事実の真理」、証人が語る事実には、人を説得したり鼓舞したりできる要素はほとんど含まれていない。事実を語る証人は、それ自体としては何の変哲もないたんなる事実、真理の超越性や、原理や徳の崇高さをもたない事実を語らなければならない。しかも人間の行為の結果生じてくる出来事は、往々にして、「一歩間違えればまったく異なる結果となりえた事実」「普通ならありえなかった事実」であることのほうが多い。そうした事実を証人はありのままに語らなければならない。それが時の権力者や一部の政治勢力、世間にとって都合の悪い事実であればなおさら、そうした事実が起きたことを人々に理解してもらうのは困難になるだろう。かりに証人が説得力をもって語ることができたとしても、それは彼の政治的な発言の能力、雄弁な弁士としての能力を証明することにはなっても、彼が証言する事実の真理性、事実をありのままに語る証人としての誠実性の証明にはならない。たとえばソクラテスのように、証人がそのような事実の真理に生命を賭けたとしても、それは勇気ある行為かもしれないが、周囲の目には証人の頑固さ、頑迷さを示すものとしか映らないだろう。それ自体として何の説得力もなく、多くの人からは嫌われる事実を証言しようとする者は、そのような困難な状況に置かれているのである。

政治と嘘の親和性？

このように「事実」には、それ自体として何の権威も説得力もないという不利な条件に加えて、政治という営みそのものが「嘘」と親近性をもっているという、さらに不利な事情がある。

嘘を語る者はその本性からして行為する者〔actor　俳優〕である。彼が現実と食い違うことを言うのは、物事が今ある現実とは違えばいいと望んでいるからである。彼は世界を変えようと欲する。われわれの活動の能力、つまり現実を変える能力と、どしゃ降りの雨の中でも「太陽が照っている」と言うことができるという神秘的な能力とのあいだには否定しがたい親和性があるが、嘘を語るものはこれを利用しているのである。もしわれわれの行動が――何人かの哲学者が望んだように――完全に条件づけられたものであれば、われわれはこのささやかな奇蹟さえ達成できないだろう。言いかえれば、嘘を語るわれわれの能力こそ――真理を語る能力に限らず――、人間の自由を確認してくれる、数少ない、明々白々な証拠の一つなのである。われわれがそもそも自分が生きている環境を変えることができるのは、われわれが環境から相対的に自由だからである。そしてこの自由を、虚偽の陳述は濫用し悪用するのである。(9)

われわれには世界を変え、新しいことをはじめる自由がある。今ある現実を否定することができること、嘘をつくことができることこそ、われわれがそうした自由をもっていることの証明である。もちろんアレントは嘘をつくことを推奨しているわけではない。「政治とは嘘をつくことだ」ななど述べているわけでは決してない。政治と嘘との親和性についてのアレントの発言がしばしば引き合いに出されて、「嘘」は政治的な「行為」の重要な要素だなどという言説がまことしやかに語られることがあるが、アレントは明確に「嘘」と「政治の営み」とを区別している。人間が「嘘」をつくことができるのは人間が「自由」な存在だからだが、「嘘」をつくことは「自由」の濫用にすぎない。

今の状態を変えようとすることは人間の「自由」な能力の最たるものだが、意図したとおりに実現するとは限らないこともまた、複数の人間の行為の織りなす「政治」の特質である。「こんなはずではなかった」、意図したとおりにならなかったからといって、「それは起きなかった」ことにはならない。「自分にはそのような意図はなかった」という主観的な事実から、「自分はそのようなことをしなかった」「そのような事実はなかった」という虚偽とのあいだには大きな溝がある。その溝を跳び越えることは、アレントが政治的な行為に必要だと述べている「勇気」などとは何の関係もない。

それにもかかわらず、政治が人間の自由に基づく未来に向けた営みであるかぎりにおいて、現在の事実を作り変えようとすることと、過去あるいは過去になりつつある現在を否定する虚偽との区別はしばしば曖昧にされる。「嘘も方便」などと言われて、政治の世界で嘘が必要な方策、用い方によっては正当な手段と見なされてきた理由もそこにあった。

そのような政治の世界において、「事実の真理」を擁護しようとする者は、非常に困難な立場に置かれることになる。時々の権力や体制が事実を隠蔽したり否定したりするとき、「事実の真理」を語ろうとする者は、好むと好まざるとにかかわらず、政治的な存在とならざるをえない。事実を擁護しようとする行為、真実を語ることそのものが一つの「政治の営み」となる。それは「政治」という相手の土俵の上でなされる不利な闘いである。およそ人間に関わる出来事、その経緯と結果は、偶然に満ちており、つねに複数の可能性のうちの一つにすぎない。どのような事実にも、別の可能性が潜んでいる。実際に起こってしまった事実に「そうでありえたかもしれない事態」を対置することは可能である。予想もつかなかった事態、人を当惑させ、不快にさせるような事実よりも、耳に心地のいい嘘のほうがもっともらしく聞こえ、はるかに説得力をもつことも少なくない。

政治の限界としての事実

しかしながら、起こってしまった「事実」そのものを否定することは誰にもできない。虚偽や隠蔽を重ねて、それを抹消しようとすることは、結局はその「事実」によって復讐されることになるだろう。アレントはこう述べている。

事実や出来事が本当に起こったという最も確かな証拠は、まさにそれが断固としてそこにありつづけることにある。事実には予測不能で偶発的な性質(contingency)が備わっており、それが究極的にはあらゆる決定的な説明を退けている。これに対して、イメージについてはつねに何らかのもっともらしい説明をすることが可能である。それによってイメージは一時的に事実の真理に対して優位に立つけれども、安定性という点では、端的にたまたまそうなってそれ以外ではあり得なかった事実にはかなわない。だから、比喩的に言うならば、徹底的に嘘を語るということは、われわれの足下から地面を取り去っておきながら、それに替えて依拠できる別の地面を提供しないようなものである。(10)

複数の人間の行為の絡み合いの結果もたらされた「事実」は――それが予想できなかったものであればあるだけ――、まるで「偶然の結果」のように見える。もし条件が違えば、それは起きなかったかもしれない。人はその原因をあれこれと探し求めるが、複数の人間が関与している以上、決して単一の行為や事実に原因を帰することはできない。誰の行為が直接の原因となったのか、その条件となったのは何かについては、立場と見方によって解釈が分かれるだろう。誰も確定的な結論を出すことができないにもかかわらず、起こってしまった「事実」は厳然としてそこにある。だからこそ、「事実」は確かな拠り所になりうるとアレントは言うのである。

人は「事実」から導き出される「解釈」や「評価」を拒否して、別の解釈や評価をすることはできるが、「事実」そのものを打ち消すことはできない。「暴力」はもとより、人々が結託して生みだすどのような「権力」も、一度起こってしまった事実を変えることはできないし、「なかったことにする」ことはできない。(11) 世界を変えるという「政治の営み」そのものが、事実によって制限されているのである。

それ〔政治の領域〕は、人間が思いどおりに変更できない事柄によって制限されている。この境界を尊重することによってはじめて、われわれは自由に行動することができ、自由に変えることのできる政治という領域を損なわずに完全なまま維持して、政治がその期待に応えることができるようになるのである。概念的に言えば、真理とはわれわれが変えることのできないもののことであり、比喩的に言えば、真理はわれわれが立つ大地であり、われわれの上に広がる天空である。(12)

自由な活動としての政治は、人間の偉大さの証しではあるけれども、それは人間の世界すべてを包括するものではない。人間本来の能力の発揮の場である公的世界と自由な営みとしての政治がその自律性を維持していくためには、政治が自分自身の境界を尊重することが必要である。われわれ自身が変えることのできないもの、これを尊重して維持すること、それによってはじめてわれわれの世界の枠組みが保たれる。

その意味において、「真理」の擁護は、政治が自己の領分を守ることによって行う最重要の課題だということができる。アレントがプラトン以来の政治学から継承したものがあるとすれば、それはまさに「真理」の擁護というこの点であった。

「真理」の擁護は、世界から隔絶した哲学者や一部の特権的な地位に置かれた知識人だけの任務ではない。「事実についての真理」の擁護もまた人々の行為を通じて、つまりは「政治」という方法を通じてなされなければならない。

堅固たる点で、事実は権力に優る。事実は、権力の形成——人々が一つの目的のために共同するときに生じ、その目的が達成されるか、あるいは失われると同時に消滅する権力の形成——ほど一時的ではない。権力は一時的な性格であるため、永続性に類するものを達成する道具としてはきわめて頼りない。それゆえ、権力の手にかかると、真理と事実のみならず、真理や事実以外のものもまた確固としたものではなくなる。実際、人間には阻止できず、したがって手の下しようのない何らかの必然的発展の結果として事実を考える危険と、他方で、事実を世界から否定する、つまり事実を巧みに操作しようとする危険とのあいだのきわめて狭い小道を歩むという態度を、政治は事実に対してとらねばならないのである。(13)

「事実」というのは、人が自らの行為によって生みだした結果であるにもかかわらず、人の手の届かない力のもたらした結果であるかのように見える。だからといって、すべてを出来事の成り行きに任せるのも間違いだし、すべてを統御して一から作りだすことができると考えるのも間違いである。「政治」が自ら限界を定めて「事実」を擁護することは、「きわめて狭い小道」を進むようなものではあるけれども、まったく不可能というわけではない。起こってしまった事実に正面から向き合い、それを踏まえて新たな一歩を踏みだすのは、そう難しいことではないはずだからである。過去から連綿と続いてきた人々の歩み、その成功や失敗の経験の上に立って、それまでになかった「新たなこと」をはじめるところに「政治の営み」の特徴がある。アレントにとって「政治」とは、そうした可能性を秘めた営み、未来への新たな扉を開く営みなのであった。

注

（1）プラトン『ゴルギアス』加来彰俊訳、岩波文庫、一九六七年、八二―八三頁（471E）。
（2）同右、八三―八四頁（472B–C）。
（3）ハンナ・アーレント「真理と政治」前掲『過去と未来の間』三二七―三二八頁。
（4）同右、三二九頁。
（5）同右、三三七頁。
（6）同右、三二二―三二三頁。
（7）同右、三三〇頁。
（8）同右、三三一頁。
（9）同右、三四一頁。
（10）同右、三五一頁。
（11）全体主義体制といえども、組織的な虚偽と事実の系統的な隠蔽・改竄には限界があることについて、アレントはソ連の「スモレンスク文庫」で発見された覚え書きを例に挙げて論じている。同右、三四九―三五〇頁。
(12) 同右、三六〇頁。
(13) 同右、三五三頁。

おわりに――「政治の文法」を習得するために

政治活動のための一般的マニュアルはない

アレントの言う「政治の文法」とは、自由な人間が互いに協力するための一連の技法のことであった。そうした意味での「政治の文法」は、いつでも、どこでも自由になろうとする人間であれば、誰でも習得できる。そのために特段の知識や教養が要るわけではない。もとより他人の経験、先人たちの経験の積み重ねは「政治の文法」とその応用のための大きな手がかりを与えてくれるけれども、具体的な指示を与えてくれるものではない。

「政治の文法」は、その指示に従って手順どおりに行動すれば、自ずと身につくような性格のものではない。語学をものにするには、文法書を読むだけではダメで、実際にその言語を読んだり、書いたり、話したりすることが必要であるように、「政治の文法」を習得するためには、実際に行動してみる必要がある。とりわけ「政治」の場合には、誰かに呼びかけ、共に考え、活動することが必要である。不特定多数の人々に対する呼びかけや、宣伝やアジテーションがしばしば政治活動の典型と考えられているが、これも相手の反応やそれに対する応答がなければ、「政治」の営みに入らない。

アレントが述べているように、「政治」というのは、「公的な場」での営みである。他人の前に自分の姿をさらし、自分の声で語りかける、あるいは何か身振り手振りで相手に呼びかける。相手もまた同意・不同意、あるいは驚きなどを態度で示し、具体的な応答や、疑問や反論などが返ってくる。そうした関係の積み重ね、連鎖の中で「政治の営み」は行われる。そこに目的や目標が共有されてはじめて「権力」は立ちあがる。

人の置かれた場所によって、その出会いはさまざまだろう。意見や見方の行き違いから感情的な対立が生じたり、こちらの思いが通じずにもどかしく思ったり、話し合いや交渉の場で、相手の態度に憤慨したり、デモや抗議行動に加わって、対立する集団と衝突したり、警察から脅しや嫌がらせを受けたりする。そうした場面に遭遇したときに――反射的に行動するのではなく――立ち止まって自分の立ち位置を確かめる、あるいはその経験を他人に伝えようとする。そうした中で、その人自身の「政治の文法」も作られていくだろう。

人々が集まり、協力し合うことによって生まれる「権力」は、それまでの制度やルールを一変させるような力を発揮すると同時に、暴走すれば恐ろしい結果をもたらす。複数の人間の行為によって織りなされる「政治の営み」が予測不能性に満ちている以上、そこには思いもよらない力が生まれるという肯定的な側面と、思いどおりにはいかないという否定的な側面とが、コインの裏表のようにして存在している。どのようにすればより大きな力を生みだすことができるのか、それが少数者や弱者を抑圧する力とならないためにはどのような条件が必要であるのか、そうした問いにいつでも答えられるような規則、「政治の営み」のために一般的に適用可能なマニュアルはない。

人間を人間として扱うこと

ただ一つ、「政治」に関わる際に必要なことがあるとすれば、それは「人間を人間として扱うこと」だろう。その時々に出会った人間、敵対する相手、そして自分自身に対しても、操作可能でいつでも取り替えのきくモノとして扱わないこと、これがアレントの「政治の文法」から出てくる最小限のルールである。

相手の目を見ながらその人間を殺すのは難しい。これは戦争の場合に限らない。相手が自分と同じ人間であると考えたら、武器をもたないデモ隊に銃を向けることはなかなかできなくなる。だからこそ、古来軍隊では、相手をモノとして扱い、破壊する特殊な技術を訓練によって習得したり、ある種の陶酔状態を人為的に作りだすことが試みられてきた――それは復員した多くの兵士に深い傷を残すことになる。机上の数値や結果しか見ない上司に対して、現場の人間が感ずる違和感の原因の一つもそこにある。

戦場であれ、あるいは自然災害への対処であれ、現場の状況を素直に眺めれば、試行錯誤の混乱以外の何物でもない。誰が何をしているのか、自分たちは今勝っているのか負けているのかさえ定かではない。混沌とした状況では、大局を見つめて、的確な命令を出し、向かうべき方向を指示する人間が必要となる。指揮者やリーダーといわれる人物が必要とされる所以である。ただし、指導者に求められる能力は、現場の混乱から一歩退いて冷静に物事を考える――アレントが強調する「思考」――という能力であって、データなどの情報収集や統計調査などに基づいてなされる「認識」ではない。社会科学の理論などに基づく「認識」は――「暴力」と同様――一つの手段にすぎない。「認識」の担い手となる参謀や諮問機関と指揮官、指導者の役割の違いもここからくる。

「その他大勢」を相手にすること

もとより「人間を人間として扱う」といっても、それは、相手の「意見」に同意するとか、共感するとか、相手の善意を信ずるのとは別である。だが他方で、「政治の世界では人間はみな悪人である」というのも間違っている。たしかに人間は利益には目がなく、恩知らずではあるけれども、思いがけず受けた恩義には義理を感ずる、そういう存在だとマキアヴェッリは述べている。それは要するに「人間とは信用できない存在だ」ということだ。人間は放っておけば絶えず悪へと向かう存在である――キリスト教の言う「原罪」というのはそうした人間観の極致である――、あるいはルソーのように本当の人間は純粋無垢な善であると想定するならば、そうした性向なり法則なりに従った人間の行動を予測して制度を組み立てて、そこから逸脱する例外的な人間は排除すればいい。

だが、極悪非道なチェーザレ・ボルジアのような人間、あるいはアッシジのフランチェスコのような聖人はごくごく稀な存在である。かりにそうした人間がいたとしても、純粋無垢な善人は正真正銘の悪人と同じように政治の世界にとって危険な存在だというのがマキアヴェッリの見方だった。普通の人間は——自分の利益のために悪事に手を染めかねない存在だとしても——そうした予想を時として裏切ることがある。だからこそ人間は「信用できない」のである。普通の人間に過大な信頼や期待をいだくことは危険である。しかしながら「政治」という営みは、一握りの極悪人や聖人君子のためではなく、ごく普通の「その他大勢」を相手にする営みなのである。

人間が自由に行動するこの世界、とりわけ政治の世界は予測することができないとアレントが言うとき、人間は「信用できない」存在だという意味が込められている。もちろんそこには「自分自身」も含まれているのだが。それは同時に、人間は予想外のことをはじめる、可能性を秘めた存在だということでもある。そこに政治の難しさと、面白さがある。

補論　アレントと西洋政治思想

「はじめに」で述べたように、アレントの政治についての考え方は通常の政治学や社会科学の理論の系譜とは隔絶している。政治的な活動のための技法としての「政治の文法」は、政治学や社会科学の理論についての知識や教養などなくても、意欲と条件さえ揃えば、誰でも習得できる。だからこそそれは、人々が自由を求めて活動するときに、人的・組織的なつながりや、思想的背景が何もないところでも、繰り返し現れるのである。人々が行った活動の経験を振り返って省察するときに、思想や理論は役に立つし、経験を伝えていくときには重要な役割を果たすことになるが、政治学の理論の知識があるからといって、実際の政治に役立つとは限らない。政治学者の時局的な発言が、往々にして床屋談義に終わったり、状況に応じて見解が猫の目のように変わるのは、そこに理由がある。それは何も政治学者や評論家が無能だからだとか、無節操だからではなく、政治学や社会科学が追究する認識という課題と、「政治の営み」の実際において求められることとが異なっているからである。アレントの政治思想は、「政治的な営み」とそこでの経験に依拠しながら、それをどのように継承して、伝えていくかということを意識しながら展開されている。そうした事情をアレントの主要著作とされる『人間の条件』と『革命について』を中心に、簡単に説明しておこう。

全体主義の破壊の後に

『全体主義の起原』執筆後に、アレントが考えていた課題は次のようにまとめることができる。

1、全体主義という現象は一握りの極悪人の集団、ファシストなどの一部党派の起こしたものではない。その背景には近代社会の成立とそこで大量に生みだされる「大衆」の存在がある。その意味において、全体主義は特異な事件ではなく、近代社会そのものの内に原因がある。それを突き止めることが必要である。

2、全体主義は人間が人間として生活することを可能にしていた条件を根底から破壊してしまった。それまでの制度とそれを支えていた思想は有効性を喪失した。そうした状況の中で、人間としての生活を再建するためには、そもそも人間を人間たらしめている根本的な条件は何か、全体主義を生みだした近代社会はそれをどのように変容させたのかが明らかにされなければならない。

3、人間生活の根本的な条件そのものが脆いものであることを全体主義による破壊は明らかにした。近代社会の内に全体主義を生みだす要因あるいは傾向が存在する以上、そうした破壊は絶えず、新たなかたちで起こるだろう。そうした破壊に抵抗する拠点はどこにあるのか。そのための手がかりをわれわれはどこに求めたらいいのか。

西洋政治思想の伝統

これらの課題に取りくんだ結果は『人間の条件』と『革命について』に集約されることになるが、そこにいたる思考の過程を示しているのが、『カール・マルクスと西欧政治思想の伝統』である。(1) これは、アメリカの大学での講義のための準備草稿だが、そこでは以下のことが示されている。

1、古代ギリシアにおいて「政治の営み」の起源はプラトン、アリストテレスの古典的政治哲学どころかポリスの設立以前にまで遡る。プラトンの政治哲学は、ポリスというかたちで制度化されて全面開花したギリシア的な「政治」とその失敗——ペロポネソス戦争によるアテナイの敗北——を踏まえて、それまでの政治のあり方を批判的に再検討したものである。

2、したがってプラトンの政治哲学は、もともとのギリシアにおける政治のあり方を忠実に反映したものではなく、重要な政治の要素を脱落させている。

3、西洋の政治思想あるいは哲学を含めた思想全体は、このプラトンの政治哲学の枠組みを前提として、それを批判したり、再解釈することに終始してきた。その終着点がヘーゲル、そしてヘーゲルによる西洋政治哲学の転換をさらに徹底したのがマルクスとニーチェである。

4、アレントから見れば、ヘーゲル、マルクス、ニーチェによる転換あるいは転倒も、机上の空論ではなく、その原動力はアメリカ革命とフランス革命に示されるような歴史の展開そのものにある。彼らはいわば歴史の展開そのものを理論によって表現しようとしたにすぎない。

ヘーゲル、マルクスによる近代社会の哲学的・理論的表現に対決して、近代社会の成立とそこに孕まれる問題を扱ったのが『人間の条件』であり、アメリカ革命とフランス革命において示された近代的な政治のあり方の可能性と問題を論じたのが『革命について』である。

プラトンの二元論とヘーゲル、マルクスによる転倒

プラトンの有名な「洞窟《どうくつ》の寓話」(『国家』)では、こう語られている。世間の人々はいわば洞窟の中に暮らす人間である。洞窟の入口から光が射していて、奥の壁面には洞窟にうごめく

人間たちの影が映っている。彼らは洞窟の壁に映る自分たちの影を現実だと信じて生活している。哲学者は、壁面に映る幻影に背を向けて洞窟から抜け出そうとする。洞窟の外には太陽（真実の存在としてのイデア）の光が降り注いでいる。眩いばかりの光は直視することさえかなわない——真実の存在としてのイデアは普通の人間には簡単に捉えることのできないものである——けれども、光に慣れて真理の実相をなんとか見据えることができるようになった哲学者は、光り輝くイデアの世界に一人とどまるのではなく、洞窟の仲間たちのもとへと戻っていく。プラトンの哲学がその本質において政治の営みに対して批判的であるにもかかわらず、「政治哲学」である所以はここにある。

哲学者は、宗教的達人や隠遁者のようにこの世から離脱や解放を求めるのではなく、洞窟の仲間のところに戻って、洞窟の闇の中で、壁面の影に踊らされている者たち、名誉や権勢をむなしく求めて競い合う「洞窟の囚人たち」の目を、真理のほうに向け変えてやろうとする。哲学の課題はここにあるとプラトンは言うのである。太陽のごとく光り輝く真の存在と、洞窟の壁面に映った幻影。ここに哲学と政治との関係、言いかえれば知の領域と政治をはじめとする実践との関係が示されている。プラトン以降の西洋哲学は、真の実在と仮象としての現象という二元論を前提として、これにさまざまな解釈、再解釈を加えてきたにすぎない。

プラトン以来の二元論を根底から覆したのがヘーゲルの歴史哲学であった。真理は現象を超越したどこか別の世界、現実の世界の彼方に存在するのではなく、現実そのものの内に存在する。真理は日々の実践としての歴史の過程の内に開示される。ヘーゲルにとって概念の自己展開としての弁証法は、人間精神の発展そのものの表現であった。マルクスとニーチェはこれをさらに徹底しようとしたのである。

近代への転換

ヘーゲルが精神の弁証法的展開、マルクスが人間の能力としての生産力の発展を原動力として描いたような歴史の見方をアレントは採らない。アレントにとって、歴史というのは人々の行為の絡まり合いの中から生まれた出来事とその結果である。

それでは、近代社会をもたらしたものは何か。アレントによれば、ガリレオによる望遠鏡の発明とその影響である。

ガリレオによる望遠鏡の発明とそれによる天体の観測は、人間が制作した器具と実験による自然現象の観測の嚆矢《こうし》となった。これによって自然科学とテクノロジーの発展の扉が開かれたが、他方でそれは、従来の感覚と理性による真理の認識可能性に対する深刻な疑念をもたらした。ガリレオによる発明の衝撃を受けて、人間の知的能力に対する根本的な反省を遂行したのがデカルトである。「我思う、ゆえに我あり」というのは徹底した懐疑の末にたどり着いた結論であった。かくして近代哲学は現象世界から自己の内面へとその視線を転回する。ホッブズはそうした内面の探究を徹底して、人間の感覚、思考の本質を追究し、そこから新たな政治体を構築しようとしたのである。それ以降、個人が感ずる快楽と苦痛を規準とするベンサムの功利主義も、自己の内面世界を鋭くえぐり出すニーチェの分析も、その延長線上にある。(2)

政治的経験の再発見と継承

本論でも随所で示唆したように、アレントはホッブズからニーチェにいたる人間の内面についての省察から多くを学んでいる。しかしながら、内面の探究は、なるほど人間行動の動機や心理を理解する上で重要であるとしても、複数の人間のあいだの相互関係によって営まれる政治の世界の経験そのものを描きだすものではない。プラトン、アリストテレスにはじまる政治哲学――思考の産物としての「政治学」――ではなく、古代ギリシア・ローマの政治的経験そのものを継承しようとした例外的な思想家がモンテスキューである。

モンテスキューは政治体制を君主政、共和政、専制に分類しているが、君主政と共和政は「卓越」と「平等」という古代ギリシアにおけるポリスの特徴をそれぞれの活動原理としている。これに対して「恐怖」に基づく専制は、自由な市民の活動としての政治そのものを破壊する。君主政・共和政に対して専制を対置することによって、モンテスキューはギリシア以来の政治の経験を再発見したのである。

アメリカ独立革命の指導者たちは、モンテスキューが再発見した政治の原理を継承した。彼らは自分たちの政治の経験に基づいて、あらためてモンテスキュー、さらにはギリシア、ローマの古典的文献を読み直した。それは古代ギリシア・ローマ以来の西洋の政治的経験とそこで編み出された「政治の文法」を復活させる試みであった。
しかしながら、アメリカの革命家たちは、彼らが再発見した「政治の文法」を後の世代に伝えていくことに成功しなかった。アメリカ革命の最大の失敗は、この点にあった。

すでに触れておいたように、政治的な問題についてのいわゆる純粋理論的な関心の欠如はアメリカの歴史の「特質」などではなく、むしろアメリカ革命が世界の政治に生産的な影響を与えなかった主要な理由だと私は考えている。同じ理由から、ヨーロッパの思想家や哲学者がフランス革命に多大なる関心を注いで、これを概念的な思考の素材としたことが、その結末が破滅的であったにもかかわらず、フランス革命の影響が世界中に広まるという成功をもたらした決定的な原因である。アメリカ革命が人々の記憶にしっかりと残らなかった原因は、革命後の思考の致命的な欠落に帰することができる。あらゆる思考は記憶と共にはじまるというのが真理だとすれば、どんな記憶も概念へと濃縮され蒸留されなければ、確実なものとして残らないというのもまた真理だからである。この概念的な観念の枠組みの中でこそ記憶は自らを鍛えることができる。経験や、それどころか人々が自ら行い、そして耐えてきた事件や出来事から生みだされた物語であっても、繰り返し語られなければ、生きた言葉や行為に特有の不毛さの内に沈み込んでいってしまう。いずれは死すべき人間の行う事柄をそれに内在する不毛さから救い出すためには、絶えず語り続けるより他にないし、そうした語りもまた一定の概念、将来思い起こすための道標——たんに参照するための道標であっても——が生まれなければ不毛なままに終わるのである。(3)

問題は、アメリカの革命家たちが自らの経験を、古代ギリシアとローマの知恵を借り、そしてモンテスキューによるその再発見から学んだにもかかわらず、それを記憶にとどめる方法をもたなかったことにあった。自分たちの経験を言葉によって表現し、概念へと凝縮する。そのようにして形成された概念的な知識は、直接にそれを経験しなかった人々が過去の出来事についての知識を得るだけでなく、そこから教訓を引きだしたり、自分自身の経験したことの意味を理解したりする手がかりを与えてくれる。言葉と概念によって表現された知識は、そのようなかたちで「思考」の材料となることによって、継承されていくのである。アメリカの人々に特徴的だといわれる「理論的な関心の欠如」もあって、アメリカ革命の経験は、そうしたかたちで概念化されて、後の世代に継承されてこなかった。「革命」についての思考と理論が、もっぱらフランス革命と、そこでのテロルの圧倒的な印象のもとで展開されることになったのも、そこに原因があった。

アレントが『革命について』で試みたのは、古代ギリシア・ローマからはじまり、アメリカ革命にいたる「政治の文法」の継承、再発見の系譜をたどり、これを十九世紀末から二十世紀初頭の労働者評議会、さらには戦後のハンガリー革命の経験と照らし合わせることによって、来たるべき新たな「政治の営み」へと伝えていくための作業だったのである。[4]

注

（1）ハンナ・アーレント『カール・マルクスと西欧政治思想の伝統』佐藤和夫編、アーレント研究会訳、大月書店、二〇〇二年。
（2）この点については前掲『人間の条件』第6章を参照。
（3）前掲『革命について』三五七－三五八頁。
（4）『革命について』の詳しい内容については、前掲『アレント『革命について』を読む』を参照。

あとがき

「これは自分が考えている政治学とちょっと違う」。大学で政治学を講義していたとき、そして政治学のテキストの原稿を編集者に読んでもらったときに、しばしばこういう感想を聞かされることがあった。

こちらの説明が十分でなかったことを棚に上げて、あえて言わせてもらえば、そうした感想が出てくる理由の一つは、おそらくその人が「外側からものを見ている」からだろう。政治や社会現象を外から「客観的に」観察・分析するというのが社会科学の立場だが、そこで対象となっている現象や事件は観察者とは直接に関わらない。観察し分析することが対象に影響を与えることはないし、自分に跳ね返ってきて危害を受けることもない。いわば「安全地帯」からの観察である。

だからといって「当事者」になれということではない。たまたま運動の渦中に巻き込まれたり、出来事の当事者になることはそう多くはない。人は他人と自分の立ち位置を任意に取り替えることはできない。虐げられた民衆や、差別されたマイノリティに成り代わって発言しようとすれば、そこには本文で述べた「偽善」が入り込んでくるだろう――他方で、不当な抑圧を受けた当事者、社会的・政治的差別によって被害を被った当事者が、その不当性を他人に訴えるためには、「怒り」をぶちまけるだけでなく、何が不当なのかを相手に理解させるための工夫が必要となるはずである。

問題は、そのような意味で「当事者」であるかどうかではない。たまたま目撃したという場合だけでなく、新聞や雑誌、インターネットなどのメディアを通じて観察していること自体が、すでにその出来事に――影響を受けたり共鳴したりというかたちで――関わっている。肝心なのは、そうした自分の立ち位置が明確に意識されているかどうかである。アレントはそのような意味において、現実世界の中に身を置いてものを考え、行動してきた。ユダヤ人問題や黒人問題での発言が、時に激しい反撥や批判を受けることになったのもそのためである。

それではわれわれはアレントの政治思想から何を学ぶことができるのだろうか。われわれ一人ひとりが違うように、アレントもまたわれわれとは別の人間である。一人ひとりの立ち位置はそれぞれに違っていて、そこから見える世界、周囲の景色、事件や出来事の様相、対処すべき道筋も違ってくるはずである。自分の立ち位置を他人のそれと取り替えることはできない。想像力を働かせて、他人の立場に立つことはできても、それはあくまでも私自身の経験と感覚を駆使して作りだした想像の産物にすぎない――「間主観性」だとか「自他未分離の原初状態」などについて論じてみても、それで事情が変わるわけではない。そのようなアレント自身の見方からすれば、われわれがすべきことは、政治についてのアレントの思想や主張を鵜呑《うの》みにするのではなく、アレントが生きた現実からくみ上げた政治の経験とは何かを考えることだろう。

そのような意味において、本書は、アレントの政治思想のキーワードとしての「政治の文法」についての解説ではない。現実世界において、繰り返し現れ、行われてきた「政治の技法」とその特徴を、アレントのテキストを手がかりに掘り起こすことにその主眼は置かれている——アレントの『革命について』も過去の西洋政治思想の中から政治的な経験をくみ上げる試みだった。したがって、本書で提示される「政治の文法」と「権力」をめぐる議論が、アレント自身のものではないか、アレントが書いたことと食い違っているというような議論は、アレントの政治思想の研究としては重要だが、ここでの本筋ではない。もちろんアレントの思想や行動についての解釈、テキストの読解について異論や批判があれば、それに応える用意はある。それは、思想についての理解、テキストの解釈を通じてなされる政治の見方をめぐる闘争なのだが、そのような論争で、アレント解釈の優劣を競うことは本書の目的ではない。

本書の対象は主に一般読者、アレントに関心があるけれども、アレントの議論を系統的に読んだりするつもりも、その余裕もない人たちに向けられている。そうした人にとって、本書で紹介した「政治の文法」が正しいかどうかは、それぞれの経験に照らして納得できるかどうかによって判断されるだろう。自分の身の回りの出来事、インターネットなどの情報メディア、そして新聞や雑誌などで語られていることについて理解する手がかりを与えてくれるかどうか、およそ政治や社会についての思想や理論の正しさは、それぞれの人の検証に委ねられている。

中央公論新社編集部の吉田大作さんには大変お世話になった。吉田さんは、これまでアレントの政治思想について書いた原稿をもとに、一書にまとめる作業に辛抱強く付き合ってくださった。何度もダメを出された試行錯誤の末に、アレントの政治思想について書くのではなく、過去の政治的経験の中からアレントが見いだそうとした「政治の文法」について書くという視点が定まったのも、吉田さんとの対話の結果である。

二〇二三年七月

牧野雅彦

ま・や行

ら　行

た・な行

は　行

さ 行

ま・や・ら行

事項索引

あ　行

か　行

索　引

人名索引

あ・か行

さ・た・な行

は　行

牧野雅彦

広島大学名誉教授。1955年神奈川県生まれ。京都大学法学部卒業、名古屋大学大学院法学研究科博士課程単位取得満期退学。名古屋大学法学部助手、広島大学法学部助教授、同大学教授、同大学大学院教授などを歴任。博士（法学）。著書に『ウェーバーの政治理論』（日本評論社）、『ヴェルサイユ条約』（中公新書）、『精読　アレント『全体主義の起源』』（講談社選書メチエ）、『不戦条約』（東京大学出版会）、『ハンナ・アレント――全体主義という悪夢』（講談社現代新書）、『精読　アレント『人間の条件』』（講談社選書メチエ）などがある。

権力《けんりょく》について

ハンナ・アレントと「政治《せいじ》の文法《ぶんぽう》」

〈中公選書 143〉

著　者　牧野雅彦《まきのまさひこ》

2023年11月10日　初版発行

発行者　安部順一

発行所　中央公論新社

〒100-8152　東京都千代田区大手町 1-7-1

電話　03-5299-1730（販売）

03-5299-1740（編集）

URL https://www.chuko.co.jp/

ＤＴＰ　今井明子

印刷・製本　大日本印刷

Published by CHUOKORON-SHINSHA, INC.

Printed in Japan　ISBN978-4-12-110144-0 C1330

定価はカバーに表示してあります。

中公選書　好評既刊

111 新版 「生きるに値しない命」とは誰のことか
——ナチス安楽死思想の原典からの考察
森下直貴
佐野　誠編著
障碍者施設殺傷事件、安楽死論争、パンデミック・トリアージ。「役に立つ／立たない」で命を選別できるのか。ナチス安楽死政策を支えた著作に批判的考察を加え、超高齢社会の命を問う。

128 分断の克服 1989-1990
統一をめぐる西ドイツ外交の挑戦
板橋拓己著
「ベルリンの壁」は崩れた。だがソ連は統一に反対、英仏が大国ドイツ復活を警戒する中、新生ドイツと新しい国際秩序はいかに創られたか。最新史料を駆使し描く。大佛次郎論壇賞受賞作。

139 戦争とデータ
死者はいかに数値となったか
五十嵐元道著
近年、戦場での死者数は、国家や国連から統計学や法医学を駆使する国際的ネットワークが算出するようになった。「ファクト」はいかに求められるか。二〇〇年に及ぶ苦闘の軌跡を描く。

141 ケネディという名の神話
——なぜ私たちを魅了し続けるのか
松岡　完著
衝撃的な暗殺から六〇年。良きにつけ悪しきにつけ、ケネディの遺産は今なお生き続けている。ケネディの魅力の源泉は何か。なぜ神話化が可能だったのか。生前・死後を包括的に検証する。